Yoga Meditation

Hartmut Weiss

Yoga Meditation

Schulung zur Selbstverwirklichung

BECHTERMÜNZ

Aktualisierte Neuauflage 1987
Lizenzausgabe für den Bechtermünz Verlag GmbH
Eltville am Rhein, 1992
ISBN 3 86047 009 4

Inhalt

Meditation mit Symbolen 78

Maṇḍala und Cakra · Mūlādhāra cakra · Svādhiṣṭana cakra · Manipūraka cakra · Anāhata cakra · Viśuddhi cakra · Ājñā cakra · Sahasrara cakra · Mantra · Das mantra OM · Das mantra SO-HAM · Die offenen mantra

Meditation von Gefühlen 101

Körpergefühle: Wärme · Durchlässigkeit · Schweben
Geistige Empfindungen: Klarheit · Liebe · Frieden

Abstrakte Meditation 109

Dharma (Pflicht) · Karma (gestaltetes Schicksal) · Reinkarnation (Seelenwanderung)

Vorwort

Wer im westeuropäischen Lebenskreis mit Yoga in Berührung kommt, lernt in aller Regel zunächst den Haṭha-Yoga kennen, das heißt eine etwa 600 Jahre alte Yoga-Richtung, in der bestimmte Körperhaltungen (āsana) und eine besondere Atemtechnik (prāṇāyāma) im Vordergrund stehen. Oft ist damit der Yoga-Weg schon zu Ende. Das ist sehr bedauerlich. Seine volle Dimension gewinnt der Yoga nämlich erst im Rāja-Yoga. Dieser meditative Yoga-Weg führt nach dem uns überlieferten Schrifttum mehr als 4000 Jahre zurück; man darf indessen davon ausgehen, daß seine Wurzeln noch in viel früherer Zeit liegen. Wenn eine Geisteshaltung über so lange Zeit im Bewußtsein der Menschen bewahrt wird, so lohnt es gewiß, sich mit ihr näher zu beschäftigen.

Über Haṭha-Yoga gibt es eine Fülle von Büchern und Zeitschriften; in fast allen größeren Städten besteht zudem die Möglichkeit, ihn in Yoga-Kursen zu erlernen. Anders sieht es dagegen mit dem Rāja-Yoga aus. Hier ist das Schrifttum spärlich und das wirklich fundierte Unterrichtsangebot knapp. Den interessierten Laien verwirrt außerdem, daß Autoren und Lehrer entsprechend ihren geistigen Standpunkten und ihren subjektiven Erfahrungen unter Meditation oft sogar Gegensätzliches verstehen. So fällt es dem Suchenden schwer, sich zurechtzufinden.

Ich möchte deshalb aus der Praxis des Yoga-Unterrichts heraus den Versuch unternehmen, Grundgedanken, Leitlinien und Möglichkeiten der Yoga-Meditation objektiv und umfassend darzustellen. Dabei wende ich mich in erster Linie an einen aufgeschlossenen Leser, der möglichst schon einige Erfahrungen auf dem Gebiet des Haṭha-Yoga hat. Dies ist indessen nicht Voraussetzung. Der geistige Yoga-Weg steht jedem

Menschen zu jeder Zeit offen. In zweiter Linie denke ich an diejenigen, die ihre meditativen Übungen noch etwas vertiefen möchten. Und schließlich würde ich mich ganz besonders freuen, wenn ich einem Suchenden oder gar Zweifelnden Überblick und Sicherheit für seinen weiteren Yoga-Weg vermitteln könnte.

Aus Gründen der Übersichtlichkeit habe ich darauf verzichtet, durch Textzusätze und Fußnoten auf das einschlägige Schrifttum hinzuweisen. Dies geschieht im Anhang. Dort findet der interessierte Leser auch Näheres über Schreibweise und Aussprache der Sanskrit-Fachwörter. Deren häufige Verwendung war unvermeidlich, weil sich viele Yoga-Begriffe der Eindeutschung entziehen.

1. Teil: Begriffe

Der allgemeine Meditationsbegriff

Meditation bedeutet wörtlich Nachsinnen (lateinisch: meditari = für sich messen). Damit ist schon einiges erhellt, denn Nachsinnen ist mehr als Nachdenken oder Grübeln. Hinzukommen muß freilich noch eine bestimmte Methode des Nachsinnens, weil sonst die Gefahr besteht, daß die Besinnung durch unkontrollierte Empfindungen oder Gedanken gestört wird. Letztlich muß die Meditation nämlich zu einem besonderen, über das alltägliche Empfinden hinausgehenden Erlebnis führen. So wäre denn wohl folgende allgemeingültige Definition angebracht: Meditation ist ein durch spezielle Übungen bewirkter Zustand geistiger Sammlung.

Damit ist die Möglichkeit eröffnet, einigen weitverbreiteten Mißverständnissen zu begegnen. Meditation ist nicht etwa ein passiver Zustand; sie setzt vielmehr aktives Tun, nämlich ein bestimmtes Übungsverhalten, voraus. Nur so gewinnt man die Abgrenzung zum Nichtstun, zum Dämmern oder zu anderen, von keiner geistigen Aufgabe erfüllten Bewußtseinszuständen. Dabei darf man sich aber nicht dadurch verunsichern lassen, daß die Meditation mitunter auch zum Erlebnis der Bewußtseinsleere führen kann. Auch dies setzt jedoch immer eine aktive Vorarbeit und eine positive Grundeinstellung voraus.

Die Besonderheiten der Yoga-Meditation

Die Ātman-Brahman-Philosophie. Nach klassischer Überlieferung ist Yoga der Zustand, in dem der Geist zur Ruhe gekommen ist. Patañjali, ein indischer Gelehrter, hat dies etwa 300 n.Chr. in seinem Yoga-Sūtra mit den Sanskritworten »citta vṛtti nirodha« ausgedrückt. Dabei versteht er unter »citta« die geistige Welt und unter »vṛtti« die Kräfte, welche den Geist bewegen. Das Wort »nirodha« schließlich kennzeichnet den Zustand des Eingeebnetseins, der Ruhe. Prägnanter und zutreffender ist Yoga seitdem nicht mehr definiert worden.

Ist eine Definition dauerhaft gültig, so beruht sie sicher nicht auf einer plötzlichen Eingebung. Sie ist dann vielmehr das Ergebnis langer, auf einem geisteswissenschaftlichen Fundament gewachsener Bemühungen. Will man den ganzen Wert einer Definition erfassen, so ist deshalb ein Blick auf den philosophischen Hintergrund unerläßlich.

Das Denken der Inder kreist seit jeher um die Frage, wie der Mensch mit sich, mit seiner Umwelt und den Welten über sich in Harmonie leben kann. Dabei ging man von einem monistischen Weltbild aus, das heißt, Schöpfungsmacht und Mensch werden als eine Einheit aufgefaßt. Nun war auch den im Grunde anspruchslosen Menschen Indiens bewußt, daß diese Einheit leider nicht von vornherein und für alle Zeiten in Form eines irdischen Paradieses verwirklicht war. Die Ursache für diesen Mißstand sah man allein im menschlichen Geist, weil dieser Geist durch sein ruheloses Fordern, Begehren, Zweifeln und Irren die naturgegebene Einheit störte. Folglich galt es, den Geist beherrschen zu lernen, um durch rechtes Denken und folgerichtiges Handeln die gestörte Ordnung im Inneren und Äußeren wieder herzustellen, dies jedoch stets mit dem Ziel der Vereinigung des Individuums mit der ewigen Schöpfungsmacht. Die individuelle Seite bezeichnete man dabei mit »ātman«, die universelle mit »brahman«.

Die Besonderheit der altindischen Ātman-Brahman-Philosophie liegt nun darin, daß sie dem Menschen zutraut – und zumutet –, sich selbst zu erlösen, das heißt, die vollkommene Einheit im Inneren und Äußeren durch eigenes Bemühen wieder herzustellen und zu bewahren. Diese anspruchsvolle Forderung bedingt das Wecken und Entwickeln von Kräften, die dem Menschen in der Regel nicht mehr bewußt sind, weil er längst die Verbindung zum schöpferischen Urgrund, aus dem ihm diese Kräfte einst mitgegeben wurden, verloren hat. Also gilt es, diese Kräfte durch konzentrierte Übung wieder zu erwecken. Die Wege dazu sind – auch in Indien – vielfältig. Yoga ist einer von ihnen.

Damit ist für die Frage nach der Besonderheit der Yoga-Meditation schon Entscheidendes gewonnen. Sie zielt ab auf eine Vereinigung von Geist und Körper, von Mensch und Umwelt, von unvergänglichem Selbst (ātman) und ewiger Kraft (brahman); sie bezweckt kurzgesagt die vollendete Harmonie, den ewigen Gleichklang. Da dies alles vom Menschen selbst zu bewerkstelligen ist – wer sollte ihm helfen, wenn er doch schon ein Teil der Urkraft ist? –, bedarf es nunmehr einer Schilderung der Übungsmethodik.

Der achtgliedrige Yoga-Weg. Im Yoga-Sūtra des Patañjali findet sich auch insoweit das Erforderliche, und zwar wiederum in klassischer Kürze. Danach enthält der Yoga-Weg acht Abschnitte, die gleichsam wie die Glieder einer Kette ineinandergreifen und einander stärken, bis dem Menschen die Möglichkeit gegeben ist, durch Entfaltung seiner inneren Kräfte höchste Ziele zu erreichen. Dies sind die acht Glieder: yama – niyama – āsana – prāṇāyāma – pratyāhāra – dhāraṇā – dhyāna – samādhi.

Unter »yama« und »niyama« versteht man die sittlichen Gesetze, die das äußere und innere Verhalten des Menschen prägen. Danach soll sich der Meditierende gegenüber seiner Umwelt des Nichtschädigens, der Wahrhaftigkeit, des Nichtstehlens, der Enthaltsamkeit und der Lösung von allen Begierden befleißigen; für sich selbst soll er Reinheit, Zufriedenheit, Askese, Forschung in überlieferten Schriften und Hingabe an den Schöpfer erstreben. Die Parallele zu den Geboten und Verhaltensregeln anderer Weltanschauungen oder Religionen liegt auf der Hand. Dies ist nicht verwunderlich, denn ohne die Beachtung bestimmter ethischer Mindestnormen wird auf keinem Wege etwas zu erreichen sein. Bemerkenswert ist hier allerdings, daß die Yoga-Gebote entsprechend dem Ziel des Yoga von außen nach innen führen.

Doch schon das nächste Glied bringt uns in einen Abschnitt, der den Yoga-Pfad von anderen Heilswegen trennt. Unter »āsana« ist eine feste und doch bequeme Körperhaltung zu verstehen, nämlich der sogenannte Meditationssitz. Hier zeigt sich schon in aller Deutlichkeit, daß der Körper im Gegensatz zu anderen Besinnungsmethoden nicht etwa vergessen, sondern vielmehr aktiv in die Meditation einbezogen wird.

Ebenso verhält es sich mit »prāṇāyāma«, der Zügelung des Atems. Prāṇāyāma geht weit über das hinaus, was man im Westen unter Atemübung oder Atemschulung versteht. Zwar werden auch im prāṇāyāma die so vielen Menschen nicht mehr zugänglichen Atemräume des Körpers im Rahmen einer ganz speziellen, fast schon wissenschaftlichen Atemtechnik genutzt. Dies alles steht aber unter dem übergeordneten Prinzip, prāṇa, das heißt Lebensenergie, im Körper zu verteilen. Diese willkürliche Steuerung der Vitalfunktionen steht in Wechselbeziehung zu geistigen Vorgängen. Damit erfolgt der Übergang in die meditativen Abschnitte des achtgliedrigen Yoga-Pfades.

Unter »pratyāhāra« versteht man das Zurückziehen der Sinne. Das ist ganz wörtlich aufzufassen. Die Sinne dienen uns zur Wahrnehmung der Außenwelt. Unterbrechen wir diesen Wahrnehmungsvorgang, so können wir uns besser auf die in unserem Inneren ablaufenden Vorgänge konzentrieren. Dies setzt natürlich voraus, daß man seine Sinne und ihre Funktionen beherrscht. Bei einigen Sinneswahrnehmungen ist dies nicht weiter schwierig, zum Beispiel beim Sehen, Hören, Riechen und Schmecken. Problematischer wird es schon beim Fühlen. Rechnet man nach alter Überlieferung auch Raumempfinden und Zeitgefühl, vielleicht sogar das Bewußtsein selbst zu den menschlichen Sinnen, so wird deutlich, daß auch pratyāhāra eine Kunst ist, die erlernt werden muß; denn mit dem einfachen Abschalten ist es nicht getan. Dafür wird das strebende Bemühen gerade auf dieser Stufe des Yoga-Weges reich belohnt, weil der Weg in die drei inneren Abschnitte des achtgliedrigen Yoga-Pfades nur dem in seiner ganzen Fülle offensteht, der seine Sinne zu beherrschen versteht.

»Dhāraṇā« bedeutet Konzentration. Konzentration ist das Festbinden des Bewußtseins an einen Punkt. Unter Bewußtsein ist dabei nicht etwa die ganze Fülle unserer sinnlichen Wahrnehmungen zu verstehen, sondern das reine, von allen Ablenkungen befreite Bewußtsein. Hier wird besonders deutlich, wie stark die einzelnen Glieder des Yoga-Weges miteinander verzahnt sind. Werden die Sinne noch abgelenkt, dann schweift auch das Bewußtsein noch umher. Es ist dann nicht möglich, die Kraft der Gedanken dauerhaft auf einen einzigen Punkt zu lenken. Werden die Strahlen des Bewußtseins jedoch gereinigt nach innen gerichtet, so verdichtet sich ihre Kraft gleichsam wie in einem Brennpunkt. Erst dies ermöglicht es, den in diesen Brennpunkt gerückten Meditationsgegenstand durchdringend zu erfassen.

Beginnt das auf einen Punkt gerichtete Bewußtsein aufzustrahlen, so ist »dhyāna« erreicht, die Stufe der Versenkung oder der Kontemplation. Das im Brennpunkt der Konzentration stehende Meditationsobjekt beginnt nunmehr, seine Dimensionen zu erweitern. Ist das Objekt räumlich, so treten zur Länge, Breite und Höhe neue Dimensionen wie Zeit und Raum hinzu; ist der Gegenstand der Meditation abstrakt, so verbindet sich der Begriff jetzt mit immer tieferen Empfindungen. Schließlich ist der Punkt erreicht, an dem der Meditationsgegenstand in seiner ganzen Bedeutung erfaßt wird, weil Betrachter und betrachteter Gegenstand, also Subjekt und Objekt, eins werden.

»Samādhi«, das letzte der acht Glieder des klassischen Yoga-Pfades, ist nur unvollständig zu erklären, weil es ein rein persönliches Erlebnis ist. Worte vermögen hier nicht mehr viel zu sagen, weil samādhi über den menschlichen Ausdrucksmöglichkeiten steht. Deshalb sei zum Verständnis des Begriffes nur zweierlei hervorgehoben. Samādhi ist einerseits das aus dhyāna entstehende Glücksgefühl der reinen Erkenntnis. Andererseits ist es der Zustand, in welchem vermittels der jetzt gewonnenen Innenschau das im Menschen verborgene Selbst aufstrahlt, um sich in letzter Konsequenz mit dem schöpferischen Urgrund zu vereinigen. Ist diese Verbindung zwischen ātman und brahman, zwischen Mensch und Schöpfer, zwischen Erde und Himmel erreicht, so ist das Glücksgefühl vollkommen.

Faßt man dies alles zusammen, so kann man die Besonderheiten der Yoga-Meditation darin sehen, daß sie dem Übenden die Möglichkeit eröffnet, sich aus eigener Kraft durch Befreiung des Geistes selbst zu verwirklichen.

Abgrenzung der Yoga-Meditation zu anderen Meditationsformen

Christliche Meditation. Christliches Gebet und Yoga-Meditation haben mancherlei gemeinsam. Das gilt schon für die Äußerlichkeiten. Der Christ sucht für sein Gebet die Stille einer Kirche, der Yogi zieht sich für seine Meditation an einen ruhigen Ort zurück. Der Christ kniet während des Gebetes; der Yogi verharrt im Meditationssitz. Selbst die Gestik der Hände ist sehr ähnlich. Noch wichtiger ist indessen die Parallelität im inneren Bereich: Christ und Yogi streben nach der Erreichung eines höheren Zieles.

Diese Gemeinsamkeiten sind keineswegs verwunderlich. Zwar ist sicher richtig, daß der Ursprung des systematischen meditativen Denkens im indisch-chinesischen Lebensraum zu suchen ist. Aber auch im Westen findet sich schon in der Antike, zum Beispiel in Platons Alterswerken, meditatives Gedankengut. Auch sollte nicht vergessen werden, daß unsere germanischen Vorfahren vielen Überlieferungen zufolge eine besondere Neigung zum Sinnen hatten. So mögen auch die geistigen Übungen des Christen letztlich aus Quellen entstanden sein, die ungeachtet aller geographischen und ethnologischen Unterschiede innerhalb der indogermanischen Völkerfamilie nicht weit von den Ursprüngen des Yoga entfernt liegen.

Der große Unterschied ergibt sich jedoch aus der Zielsetzung. Inhalt des Gebetes ist die Zwiesprache mit Gott, Zweck des Gebetes ist die Erlösung. Damit stehen sich Mensch und Gott gegenüber. In diesem dualistischen System versucht zwar der Mensch, sich durch christliche Lebensweise Gott zu nähern. Den letzten Schritt zur Vereinigung kann er jedoch nicht selbst vollziehen; er muß erlöst werden. Demgegenüber geht das monistische Weltverständnis des klassischen Yoga davon aus, daß der Mensch ein Teil der Schöpfungsmacht ist. Folglich braucht er nicht durch eine höhere Macht erlöst zu werden; er muß vielmehr die auf den Realitäten unserer Welt beruhende Trennung selbst beseitigen, das heißt, er muß sich der Urkraft durch eigenes Bemühen wieder nähern, um letztlich in ihr aufzugehen. Erlösungsstreben im Suchen nach Gott und Bemühen um absolute Erkenntnis durch Erfahren der höchsten Wirkungsmacht bilden danach den markanten Unterschied zwischen Christentum und Yoga.

Dieser Unterschied muß nun freilich nichts Trennendes bedeuten. Vielmehr erscheint es durchaus möglich, mit den Mitteln der Yoga-Meditation zu einem tieferen Gottverständnis zu gelangen. Nur muß man sich darüber im klaren sein, daß man dann nicht den vollen Yoga-Weg geht, sondern nur gewisse Teile dieses Systems in die christliche Erlösungslehre einbezieht. Ebenso ist es natürlich möglich, in den Yoga christliches Gedankengut zu integrieren, zumal es im Bhakti-Yoga, dem Yoga der mitmenschlichen Liebe, deutliche Berührungspunkte zur christlichen Nächstenliebe gibt. Letztlich ist Yoga ja ein Weg zum eigenen Selbst; deshalb mag es jedem überlassen bleiben, die Ziele seiner Selbstverwirklichung auch selbst zu bestimmen. Das dürfte in letzter Konsequenz eine Glaubensfrage sein. Glauben bedeutet freilich Nichtwissen; Yoga dagegen stellt auf wertfreie Erkenntnis ab. Dies unterscheidet ihn von einer Religion.

Naturwissenschaftliche Meditation. In der Naturwissenschaft ging es früher nur darum, aus Beobachtungen auf Gesetzmäßigkeiten zu schließen. Physik, Chemie und Biologie haben diese Grenze jedoch seit langem überschritten. Heute bemüht sich die Naturwissenschaft vornehmlich, Theorien durch Experimente zu bestätigen. Dieses theoretische Denken beruht natürlich im wesentlichen immer noch auf forschender Beobachtung der entsprechenden naturgesetzlichen Abläufe. Viele dieser Abläufe entziehen sich jedoch zur Zeit oder vielleicht sogar für immer der menschlichen Beobachtung; man denke nur an die Suche nach den feinsten Bauteilen der Materie oder die Erforschung des genetischen Codes der Zellen, also die Fragen nach der Natur und dem Träger des Lebens. Trotzdem fehlt es gerade in diesen Bereichen nicht an überzeugenden Theorien, von denen schon viele ihre experimentelle Bestätigung gefunden haben.

Diese Theorien können indessen nicht immer nur durch mathematisch folgerichtiges Denken entwickelt werden, weil sie oft Erkenntnisse voraussetzen, die dem Menschen durch seine Sinnesorgane nicht mehr vermittelt werden. So beruhte die Entwicklung der Relativitätstheorie sicher nicht auf einer formelhaften Berechnung; sie entsprang vielmehr einem schöpferischen, auf dem Verständnis von Zeit und Raum beruhenden Erkenntnisvorgang. Hier zeigen sich die Parallelen zur Meditation, weil es auch dort um die Erkenntnis der letzten Dinge geht. So ist es denn auch nicht verwunderlich, daß die altindischen Denker auf manchem naturwissenschaftlichen Gebiet

Gesetzmäßigkeiten erkannt haben, die gerade in unseren Tagen ihre naturwissenschaftliche Bestätigung erfahren.

Das gilt für die Atomlehre des Vaiśeṣika-Systems (100 bis 500 n.Chr.) oder den Zeitbegriff des klassischen Yoga. So wußten die Inder bereits um das Atom als kleinsten Bauteil der Materie, ja selbst um seinen Aufbau aus letztlich drei Grundprinzipien, den guṇa. Ebenso modern war ihr Verständnis der Zeit als abrollendes Rad, in dessen ewigem Kreislauf die drei Zeitformen ineinander aufgingen. Auch moderne westliche Naturforscher sprechen heute von der Einheit der Zeit, von einer sogenannten kosmischen Zeit, die uns nur deshalb in den Zeitformen der Vergangenheit, Gegenwart und Zukunft unterschiedlich erscheint, weil wir gewohnt sind, die Dinge relativ, das heißt in Abhängigkeit zu bestimmten Bezugsgrößen zu sehen.

So dürften der gewohnte Denkkategorien verlassende, kühne Naturforscher und der in tiefer Meditation visionär empfindende Yogi Wesentliches gemeinsam haben. In einem werden sie sich jedoch für alle Zeiten gewiß unterscheiden: Während der Naturwissenschaftler über den augenblicklichen Stand der Wissenschaft hinaus immer weiter forschen wird, begnügt sich der Yogi mit der höchsten Erkenntnis, daß er ein Teil der Urkraft ist. An diesem Punkt gibt es keine weiteren Fragen, weil man sich nicht selbst antworten kann. So heißt es denn auch im Schöpfungslied des mehr als 4000 Jahre alten Ṛgveda, daß die Antwort auf die letzten Fragen – Schweigen ist.

Zen-Meditation. Zen ist das japanische Wort für Meditation, und zwar für eine ganz spezielle Meditation, nämlich diejenige der Buddhisten. Damit ist der Unterschied zur Yoga-Meditation bereits klar: Der Buddhismus ist eine Religion, der Yoga dagegen ein wertfreier Erkenntnisweg. Dennoch gibt es eine Fülle von Gemeinsamkeiten. Diese beruhen darauf, daß sich

Yoga und Buddhismus aus den gleichen Quellen entwickelt haben, nämlich aus den etwa 1000 v. Chr. bis 500 v. Chr. in den Upaniṣad aufgezeigten Wegen zur Verinnerlichung. Allerdings bedurfte es in beiden Fällen eines großen Geistes, um das in den vielen Upaniṣad mehr oder weniger verschlüsselte Gedankengut zu ordnen, zu erklären und einem bestimmen Prinzip unterzuordnen. Für den Yoga hat dies Patañjali getan, indem er auf der Śvetāśvatara-Upaniṣad fußend seinen achtgliedrigen Yoga-Weg entwickelte. Der Buddhismus verdankt seine Entstehung dem etwa zwischen 560 und 480 v. Chr. in Nordindien lebenden Siddhartha Gautama. Dieser entwikkelte ein ganz spezielles System der Versenkung, wie es zum Beispiel schon in der Maitrāyanī-Upaniṣad angeklungen ist. Entscheidend ist jedoch, daß Siddhartha Gautama, der spätere Buddha, dieses System mit seiner großen, auf dem Prinzip der Seelenwanderung beruhenden Erlösungslehre verbunden hat. Diese Lehre (dharma) besagt zusammengefaßt, daß sich der Mensch vom Leiden (duḥkha) der ständigen Wiedergeburten durch streng sittliches Leben, Bemühen um Erkenntnis und grenzenlose Selbstaufopferung zum Wohle seiner Mitmenschen mit dem Ziele befreien könne, in das Nirvāna einzugehen, also dorthin, wo kein (nir) Wind (vāna) mehr die Wahrheit verwehen kann. Hier zeigt sich nun aber doch ein gravierender Unterschied zur Yoga-Meditation. Bei dieser geht es um das gleichsam mystische, im Ineinanderfallen aller Dinge bestehenden Erlebnis des samādhi. Der Buddhist dagegen gründet seine Meditation auf Achtsamkeit, Bewußtheit, Wachsamkeit und Beobachtung, und zwar mit dem Ziel, die Befreiung des Geistes durch Einsicht (vipassana) in das Wesen aller Dinge zu erreichen. In den Methoden freilich ähneln sich dann beide Systeme doch sehr, wie zum Beispiel der Vergleich des achtgliedrigen Yoga-Weges mit dem zur Aufhebung von duḥkha führenden sogenannten edlen achtgliedrigen Pfad des Buddha zeigt.

Ein wesentlicher Unterschied liegt auch in der Weiterentwicklung beider Systeme. Der Yoga erhält trotz mancher westlicher Ausgestaltungsversuche seine Impulse nach wie vor aus Indien. Der Buddhismus dagegen hat seine indische Heimat praktisch verloren, weil heute nur noch etwa 0,5 % aller Inder Buddhisten sind. Dafür hat sich der Buddhismus wie manch andere Weltreligion weit über sein Ursprungsland hinaus ausgebreitet. So ist er schon um 550 n. Chr. über China und Korea nach Japan gekommen; dort hat sich dann im 13. Jahrhundert n. Chr. in der Rinzai- und Soto-Sekte der heutige Zen-Buddhismus entwickelt. Dessen wichtige Elemente, nämlich der strenge Meditationssitz (zazen), die durch Atemzügelung und Konzentration ermöglichte Nutzung der Hara-Kraft und die tiefe Versenkung entsprechen āsana, prāṇāyāma, dhāraṇā und dhyāna; verschieden bleiben indessen die durch den religiösen Inhalt des Buddhismus bestimmten letzten Ziele.

Transzendentale Meditation. Die transzendentale Meditation, meist kurz mit TM bezeichnet, versteht sich als moderne Weiterentwicklung eines altindischen Meditationssystems. Sie ist eng mit dem Namen des Inders Maharishi Mahesh Yogi verbunden, dessen Anhänger in allen Teilen der Welt leben. Ihr Ziel ist es, durch Erweiterung des Bewußtseins Energie und Intelligenz zu steigern; dabei bewirkt sie gleichzeitig den Abbau von Spannungen und streßartigen Zuständen. Dazu bedient sich die TM einer im Grund recht einfachen Methode: Der Übende hat seine Aufmerksamkeit solange auf den Hintergrund seiner Gedanken zu richten, bis er an die Quelle des Denkens gelangt; diese Berührung mit der schöpferischen Intelligenz bewirkt sodann die angestrebte Erweiterung des Bewußtseins.

Es liegt auf der Hand, daß es für eine derartige, in den Einzelheiten allerdings noch sehr verfeinerte Methode keiner besonderen Vorbereitungen bedarf. Deshalb liegt der Vorteil der im Westen immer mehr Anhänger findenden TM darin, daß sie von jedermann praktisch an jedem Ort und zu jeder Zeit geübt werden kann; richtig angewandt führt sie in der Tat zu geistiger Klarheit, verbesserter Leistungsfähigkeit und gesteigerter Kreativität. Im Unterschied zur Yoga-Meditation läßt sie indessen die körperlichen Aspekte außer acht; auch liegt ihr das Streben nach samādhi, der tiefen, von unendlichen Glücksgefühlen erfüllten Wesensschau, fern.

Gerade der Verzicht auf die Körperlichkeit stellt jedoch einen erheblichen Nachteil dar. Ein gesunder Geist kann nur in einem gesunden Körper leben. Wer im klassischen Meditationssitz, dem Lotussitz, längere Zeit beschwerdefrei verharren kann, der wird, wenn er dazu auch noch die Yoga-Atmung beherrscht, über einen gesunden Gesamtorganismus verfügen. Und was nutzt alle Klarheit des Geistes, wenn damit weitgehend nur die in der westlichen Welt so gefragte Leistungssteigerung bezweckt werden soll? Hier bietet die Yoga-Meditation über die Entwicklung der geistigen Fähigkeiten hinaus jene heitere Gelassenheit, die einen wirklich harmonischen Menschen auszeichnet. Damit soll nicht gesagt werden, daß ein derartiger Bewußtseinszustand nicht auch von den Anhängern der TM erreicht werden könnte. Nur werden sich diese dann, vielleicht ohne es wahrhaben zu wollen, doch auf dem vollen Yoga-Pfad befinden.

Autogenes Training. Das autogene Training, abgekürzt AT genannt, steht in der westlichen Welt hoch im Kurs. Dies mag daran liegen, daß es im Gegensatz zu den eben besprochenen Meditationsformen medizinisch abgesichert ist, und zwar grundlegend durch den Berliner Nervenarzt Prof. Dr. Schultz. Dementsprechend wird das AT seit etwa 40 Jahren ärztlicherseits empfohlen, wenn der Patient über vegetative Störungen, Streßbeschwerden und allgemeine Angstzustände klagt. Darüber hinaus bedienen sich aber auch zunehmend gesunde

Menschen des AT, um ihre Leistungsfähigkeit zu steigern, sei es im Beruf, sei es im Sport.

Das AT will durch konzentrative Selbstentspannung eine von innen kommende Umschaltung des gesamten Organismus erreichen, die es erlaubt, Ungesundes zu mindern und Gesundes zu stärken. Dazu bedient es sich genau vorgeschriebener Lösungs- und Versenkungsübungen, die das Ziel haben, einen schlafähnlichen Ruhezustand zu bewirken. Damit ist die Verwandtschaft mit der klassischen Yoga-Meditation deutlich, denn auch dort spielt das Erreichen eines zwischen Wachsein und Schlaf liegenden Bewußtseinszustand eine große Rolle. Dennoch bestehen zwei gewichtige Unterschiede.

Das AT versteht sich als Selbsthypnose. Es arbeitet mit Einbildungen wie dem Schweregefühl, dem Wärmeempfinden oder der Ruhigstellung der Atem- und Kreislauffunktionen. Da jede Hypnotisierung Gefahren mit sich bringen kann, darf das AT nur von Ärzten gelehrt werden. Dagegen ist die Yoga-Meditation frei von hypnoseartigen Einflüssen. Sie erreicht das Ziel des AT ganz zwangsläufig durch die vorbereitenden Körperübungen und die bis zur völligen Ausschaltung gehende Beruhigung der Geisteskräfte. Dieser Weg ist sicherlich anspruchsvoller. Dafür ist er ungefährlich, weil sich der Yogi keine in Wirklichkeit nicht vorhandenen Fähigkeiten einbildet; seine Fähigkeiten steigern sich automatisch mit der allmählichen Selbstentwicklung. Dementsprechend ist sich der Yogi seiner Möglichkeiten jederzeit vollkommen sicher; etwas einzubilden braucht er sich nicht.

Der noch bedeutsamere Unterschied liegt freilich wiederum im geistigen Hintergrund. Das AT wird dem Menschen im Ergebnis nur körperliche und geistige Gesundheit vermitteln; deshalb gehört es auch mit Recht in die Hände der Ärzte. Der Yoga-Meditation dagegen liegen gesundheitliche Aspekte fern. Sie führt vom Vordergründigen hinweg zu tieferen Einblicken und zu einem höheren Weltverständnis. Diese bis zum absoluten Glücksgefühl des samādhi führende Bewußtmachung kann das AT für sich alleine nicht bewirken.

Eutonie. Eutonie bedeutet Spannungsausgleich. Das Wissen um diesen Zustand und die Möglichkeiten, ihn zu erreichen, sind uralt. Die Chinesen sprachen schon vor mehreren Tausend Jahren von Yin und Yang, den beiden im Menschen wirkenden Urkräften; die in China entwickelte Akupunktur ist eine der auch ärztlicherseits längst bestätigten Möglichkeiten, schmerzhafte Spannungen abzuleiten und ein Gleichgewicht der Kräfte herzustellen. Spätestens seit Sigmund Freud weiß auch die westliche Medizin wieder vom negativen und positiven Kräftepol des Menschen; seine Neurosenlehre basiert auf dem Ausgleich dieser Kräfte im Wege der Psychoanalyse. Seit einiger Zeit ist nunmehr zu beobachten, daß eutonisches Gedankengut überall dort vermehrt Einzug findet, wo das Bemühen um den Menschen im Ganzen im Vordergrund steht, so zum Beispiel in der Heilgymnastik, der Atemtherapie, der Gruppendynamik und nicht zuletzt auch im normalen westlichen Yoga-Unterricht. Deshalb erscheint es geboten, auch auf diese Form der Verinnerlichungsübungen näher einzugehen.

Die Eutonie-Lehre ist eng mit dem Namen Gerda Alexander verknüpft. Als Lehrerin für rhythmisch-musikalische Erziehung erarbeitete sie etwa ab 1925 mit gesunden und kranken Schülern ein System der willentlichen Tonusumstellung. Diese führt über die objektive Kontrolle der Muskelspannungen zur Entwicklung des Körpergefühls, von der Bewußtmachung des Körpertonus zur Beherrschung dieser Grundspannung, von der Erlernung der Durchströmungstechnik zum Spannungsausgleich und schließlich zur freien gelösten Bewegung, wobei zwischen dem eigenen Körperraum und dem umgebenden Raum eine enge Beziehung entsteht. Es liegt auf der Hand, daß dieses ausgewogene Übungssystem zur Verbesserung des psychischen Gleichgewichts, zur Stärkung des Ich-

Bewußtseins und damit zur körperlichen und geistigen Gesundheit führt; allerdings wird der Schüler dabei der Anleitung eines qualifizierten Lehrers bedürfen.

Die Parallelen zwischen Yoga-Meditation und Eutonie sind damit deutlich. Beide bezwecken die Selbstentwicklung auf der Grundlage körperlich-geistiger Harmonie. Unterschiedlich ist dagegen die Übungstechnik. In der Eutonie steht das Hineinspüren in den Körper im Vordergrund; bei der Yoga-Meditation liegt das Schwergewicht auf der Beherrschung des Geistes. Hinzu kommt noch, daß die Eutonie auf ihren höheren Stufen zur Entwicklung der Beziehung des Übenden zu seiner Umwelt auch Partner- und Gruppenübungen vorsieht. Dies ist der Yoga-Meditation fremd. Zwar ist es auch dort üblich, in Gruppen zu meditieren. Dabei wird es sich nach dem Ziel der Yoga-Meditation aber in der Regel mehr um ein Nebeneinander als um ein Miteinander handeln.

Zusammenfassung. Meditation ist ein durch spezielle Übungen bewirkter Zustand geistiger Sammlung. Die Yoga-Meditation unterscheidet sich von anderen Formen der Verinnerlichung dadurch, daß sie dem Übenden unter Vorgabe eines strengen Übungsweges die Möglichkeit eröffnet, sich aus eigener Kraft durch Befreiung des Geistes selbst zu verwirklichen.

2. Teil: Voraussetzungen

Körperliche Voraussetzungen

Die Yoga-Meditation erfordert eine bestimmte Körperhaltung, nämlich den Meditationssitz. Durch diesen sollen zwei Dinge bewirkt werden: Beruhigung des Kreislaufs und gerade Haltung der Wirbelsäule. Beides ist für die Yoga-Meditation absolut unerläßlich. Was ist nun unter einem Meditationssitz zu verstehen? Patañjali sagt es in seinem Yoga-Sūtra mit drei Worten: sthira sukham āsanam – Sitzhaltung ist, was fest und bequem ist.

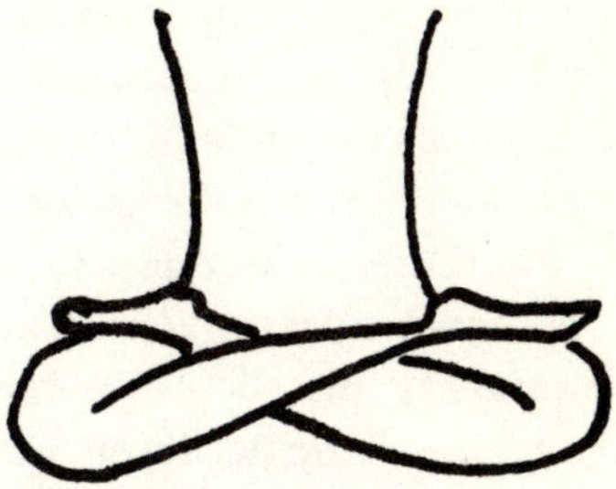

Lotussitz. Der klassische Meditationssitz heißt padmāsana (Lotussitz). Er ähnelt dem sogenannten Schneidersitz, hat jedoch die Besonderheit, daß jeder Fußspann auf dem gegenüberliegenden Oberschenkel ruht, wobei die Fersen möglichst tief in die Leistengegend gedrückt werden. Diese Sitzhaltung gibt dem Körper durch das in Dreiecksform erfolgte Hinunterdrücken der Knie auf die Erde äußerste Stabilität; gleichzeitig bewirkt sie durch das Verschränken der Beine und den Fersendruck gegen die Schlagadern in der Leistengegend eine Reduzierung der kreislaufabhängigen Vitalvorgänge.

Haltung der Hände. Für die Haltung der Arme und Hände gibt es dagegen keine festen Regeln. Hier bleibt es jedem Meditierenden überlassen, die für ihn angenehmste Stellung selbst herauszufinden. Dabei mögen ihm folgende Hinweise helfen.

Meditiert man im Lotussitz, so empfiehlt es sich, die Hände mit den Innenflächen auf oder um die Knie zu legen; dabei sind die Finger leicht gespreizt. Auch die Arme werden vollkommen entspannt gehalten. Diese Haltung gibt dem Körper nochmals Stabilität, weil die Arme mit dem Rumpf und den Oberschenkeln zwei rechtwinklige Dreiecke bilden; darüber hinaus wirkt diese Haltung auch sehr harmonisch.

Weniger gebräuchlich ist es dagegen, die Arme vollkommen zu strecken, weil damit zwangsläufig eine gewisse Spannung verbunden ist. Legt man aus bestimmten Gründen, zum Beispiel wegen der erhöhten Wachsamkeit, aber gerade auf diese Spannung Wert, so gibt es für die Haltung der Hände zwei Varianten: Bei der einen werden Zeige- und Mittelfinger in Verlängerung der Arme soweit nach vorne gestreckt, bis sie vor den Knien die Erde berühren; die drei anderen Finger sind gekrümmt. Bei der anderen Variante werden die gestreckten Arme so gedreht, daß die Innenseiten der Unterarme und Hände nach oben zeigen. Nunmehr werden die Zeigefinger so gekrümmt, daß ihre Spitzen in die Mitte der Daumen drücken; die drei anderen Finger bleiben gestreckt. Diese Geste bewirkt nach alter Überlieferung Erkenntnis. Dabei kommt dem Druck der Zeigefinger in die

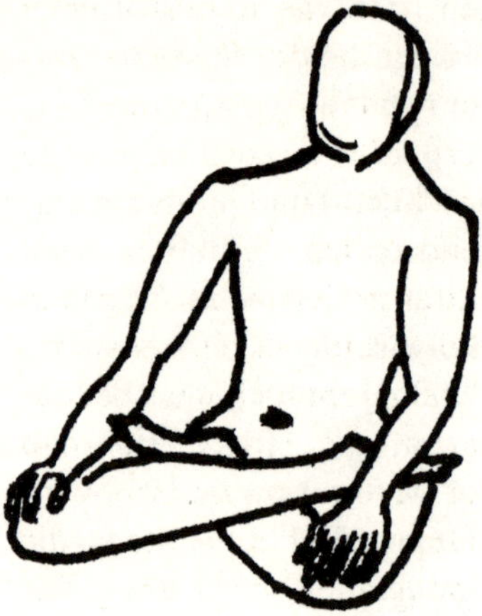

Daumenmitte besondere Bedeutung zu, weil auf diese Weise ein zum Beispiel auch in der Akupunktur und Akupressur bekannter wichtiger Körperpunkt angesprochen wird. Dazu mag man bedenken, daß die unbestrittenen Erfolge beider Systeme darauf beruhen, bestimmte Körperpunkte zu stechen oder zu drücken, damit in den dazugehörenden, mitunter weit entfernt liegenden Organen Heilwirkungen entstehen.

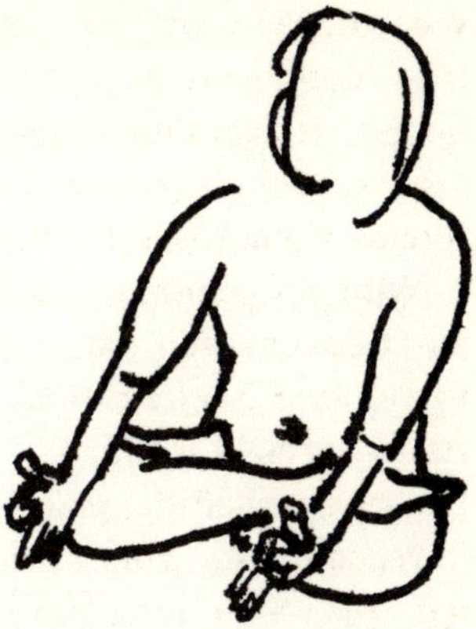

Sehr gebräuchlich ist es dagegen, die Hände während der Meditation im Schoß zu halten. Dabei sollten die Hände allerdings nicht gefaltet werden, weil dies Spannungen in den Fingern und damit auch in den Armen und Schultern erzeugen könnte. Vielmehr ist die eine Hand mit dem Handrücken in die andere zu legen, und zwar bei Rechtshändern die rechte Hand in die linke. Auch diesem Detail gebührt Beachtung: Die unten liegende Hand soll die aktivere obere Hand beruhigen. Ein weiterer Vorteil dieser als dhyāna mudrā bezeichneten Handhaltung ist das von den Händen in die Arme hinaufsteigende angenehme Wärmegefühl. Schließlich liegt in dieser Gestik auch etwas ausgesprochen Friedlich-Ruhevolles.

Vorübungen zum Lotussitz. Der Lotussitz gewährt den einmaligen Vorteil, über die Beherrschung des Körpers zur Beherrschung des Geistes zu gelangen. Leider hat der Lotussitz aber auch einen großen Nachteil: Erwachsenen ist es fast ausnahmslos unmöglich, ihn auf Anhieb einzunehmen, geschweige denn für die Mindestmeditationsdauer von anfangs etwa 10 Minuten bequem beizubehalten. Dennoch sollte über diese Schwierigkeit niemand verzweifeln. Einmal gibt es die Möglichkeit, den Lotussitz mit Geduld und Ausdauer zu erlernen; zum anderen kann man sich bis dahin mit einem anderen Sitz behelfen.

Zur Erlernung des Lotussitzes gibt es mehrere Vorübungen. Bei diesen ist stets und ausnahmslos zu beachten, daß die Übungen niemals Schmerzen bereiten dürfen. Unter Schmerz ist dabei die Erkenntnis zu verstehen: Das war zuviel! Signale, die diese Schmerzgrenze ankündigen, müssen deshalb unbedingt beachtet werden. Mit einiger Erfahrung wird es jedermann möglich sein, den sich ankündigenden Schmerzreiz von dem ebenfalls nicht immer angenehmen Dehnungs-, Streck- und Beugereiz zu unterscheiden. Letzterer muß, wenn Fortschritte erzielt werden sollen, ertragen werden. Bei all diesem kommt es zusätzlich aber auch darauf an, ob ein gesunder jüngerer Mensch beginnt, seine versteiften Fuß-, Knie- und Hüftgelenke beweglich zu machen, oder ob ein älterer, vielleicht sogar erkrankter Mensch darangeht, einen Meditationssitz zu erlernen. Im letzteren Fall sollte dies im Zweifel nicht ohne die Konsultation eines Arztes geschehen.

Zur Dehnung der Hüftgelenke empfiehlt es sich, aus der Rückenlage ein Knie zur Brust zu ziehen; dort wird es dann in

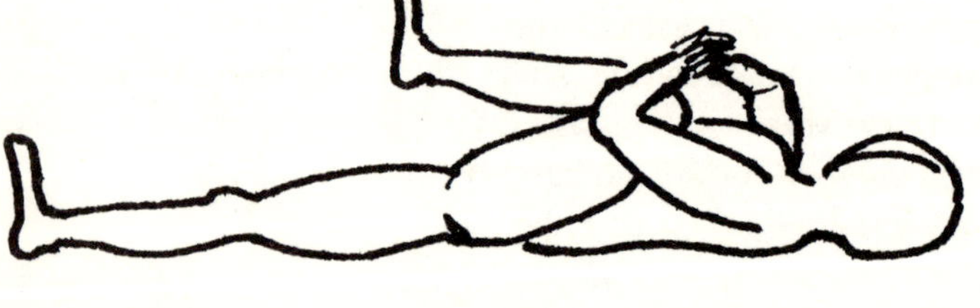

der Ellenbogenbeuge gehalten und unter Zuhilfenahme der anderen Hand gegen den Brustkorb gedrückt. Nach etwa zwei Minuten, in denen entspannt geatmet wird, kann dann die Seite gewechselt werden. Wichtig ist nachher eine Ruhelage von etwa zwei Minuten, damit der Dehnungsreiz in den Gelenken und Organen wieder abklingen kann.

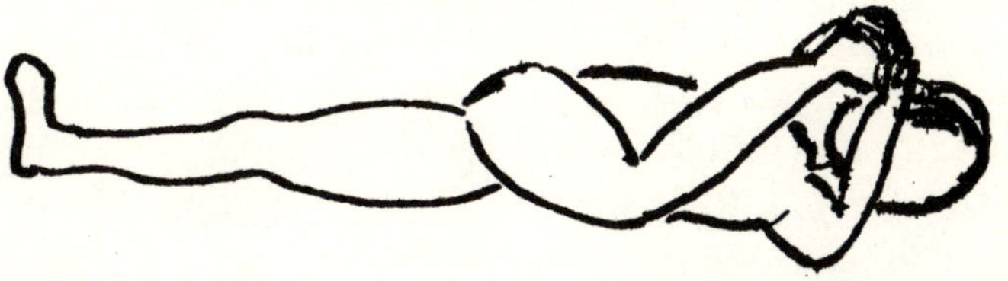

Die Übung wird nunmehr erweitert, indem man versucht, den Fuß mit beiden Händen an den zunächst etwas angehobenen Kopf heranzuführen. Auch hier ist sorgfältig auf die entspannte Atmung und das allmähliche Lösen aller angespannten Muskeln zu achten. Nach einiger Zeit der Übung kann dann auch versucht werden, beide Füße gleichzeitig an den zunächst noch gehobenen, später jedoch vollkommen aufliegenden Kopf zu ziehen.

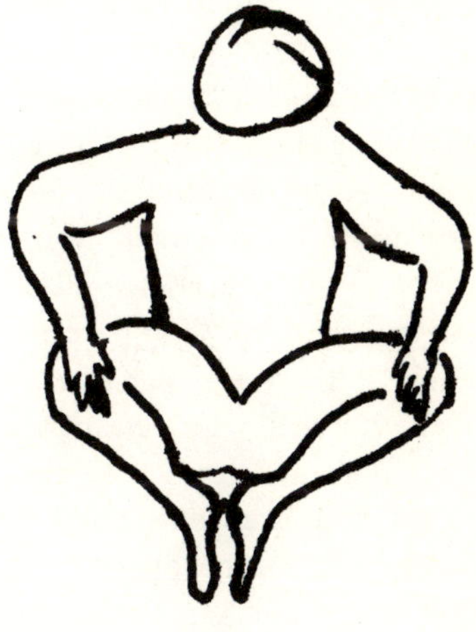

Auch mit der nächsten Übung werden die Hüftgelenke geweitet; gleichzeitig wird verstärkt auf die Knie eingewirkt. Man sitzt mit angezogenen Knien, die Fußsohlen liegen aneinander. Nunmehr drückt man mit den Händen leicht auf die Knie. Sind die Beinmuskeln gut entspannt und läuft die Atmung gleichmäßig tief, dann wird auch ein Anfänger alsbald feststellen, wie sich die

Knie in Richtung Erdboden senken, und zwar insbesondere beim Ausatmen. Mit Ausdauer und Fleiß wird sich der Abstand zwischen Knie und Erdboden in wenigen Wochen ganz erheblich verringern lassen. Zur Vertiefung der Übung kann man dabei später die Füße auf einen etwa fünf Zentimeter hohen harten Gegenstand legen, etwa auf ein dickes Buch. Sollten beide Knie in dieser Stellung eines Tages dem Erdboden ganz nahe kommen, dann sind die Voraussetzungen für den Lotussitz praktisch vorhanden.

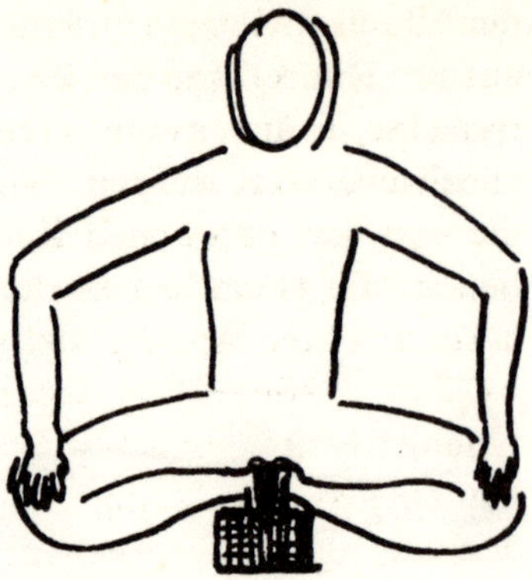

Um die Bänder der Kniegelenke gleichmäßig zu dehnen, sollte zum Ausgleich auch der Sitz zwischen den Beinen geübt werden. Dazu setzt man sich bei leicht gespreizten Knien zwischen die nach hinten gestreckten Füße. Anfangs wird es schwer sein, mit dem Gesäß den Boden zu erreichen. Mit einiger Übung gelingt es dann jedoch regelmäßig, fest auf der Erde zu sitzen. Wird dieser Sitz mühelos beherrscht, dann kann man auch versuchen, sich unter Beibehaltung der Beinhaltung flach auf den Rücken zu legen. Dadurch entstehen weitere Dehnungsreize im Hüft-, Knie- und Fußbereich.

Von großer Wichtigkeit ist es weiter, die Fußgelenke und

den Spann zu dehnen und zu kräftigen. Dazu empfiehlt es sich, aus der Rückenlage zunächst das eine, später beide Knie gleichzeitig so zu beugen, daß die einwärts gebogenen Zehen in die Handflächen der ausgestreckten Arme gestellt werden können. Diese Übung bereitet zunächst viel Unbehagen. Sie bringt jedoch bei einiger Konsequenz großen Gewinn und wird schließlich, wenn man sie etwa zwei Minuten halten kann, zu einer Wohltat für die durch unsere Lebensform so benachteiligten Füße. Bedenkt man, daß viele Beschwerden im Rumpf- und Kopfbereich ihre Ursachen in verformten Füßen haben, dann läßt sich die Mühsal dieser Übung leichter ertragen.

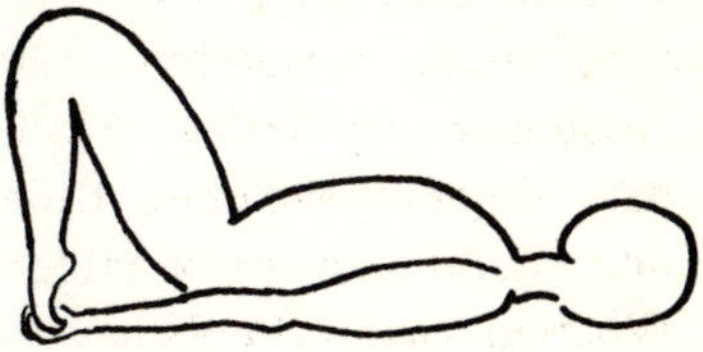

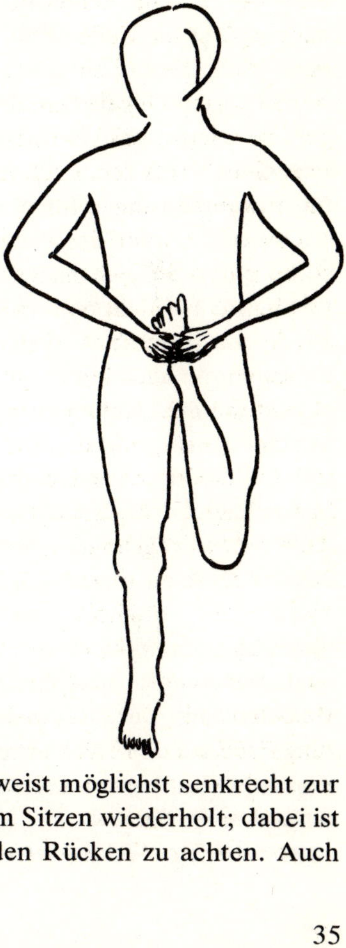

Mit der nächsten Übung nähern wir uns bereits dem Lotussitz. Im Stand, barfuß und auf festem Untergrund, wird die Ferse mit beiden Händen am Leib hinaufgezogen, und zwar etwa bis in Nabelhöhe. Die Fußsohle zeigt nach oben, das gebeugte Knie weist möglichst senkrecht zur Erde. Die Übung wird sodann im Sitzen wiederholt; dabei ist ganz besonders auf einen geraden Rücken zu achten. Auch hier ist von größter Wichtigkeit, daß das gebeugte Knie fest auf der Erde bleibt; des weiteren sollte je nach Beweglichkeit des Fußes angestrebt werden, daß sich die ganze Fußsohle der Bauchdecke anschmiegt. Gelingt die gesamte Übung gut, dann kann man auch schon damit beginnen, das gestreckte Bein anzuwinkeln und vor den Körper zu legen.

Bereiten diese Vorübungen keine Schwierigkeiten mehr, so ist man nicht mehr weit vom vollkommenen Lotussitz entfernt. Dazu setzt man sich zunächst mit gestreckten Beinen und geradem Rücken auf eine feste Unterlage. Dann zieht man wie bei der vorherigen Übung einen Fuß bis zum Bauchnabel, wobei das gebeugte Knie fest auf der Erde bleibt. Dann wird der Fuß entspannt und langsam auf den gegenüberliegenden Oberschenkel gelegt, und zwar möglichst so, daß die Ferse die Bauchdecke berührt. Nunmehr beugt man das andere Bein und zieht den Fuß am Körper empor, wobei das Knie wiederum unten zu bleiben hat. Auch dieser Fuß wird dann entspannt auf dem Oberschenkel abgelegt.

Beherrscht man den Lotussitz sicher, so kann man sich an folgende sehr schwere Zusatzübung wagen: Die hinter dem Rücken gekreuzten Hände fassen die Zehen. Festigkeit und Stabilität sind jetzt optimal.

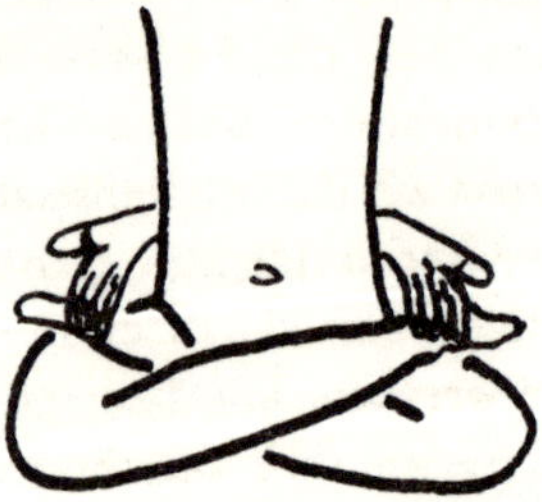

Weitere Sitzmöglichkeiten. Wer den Lotussitz nicht beherrscht, muß sich zwangsläufig mit anderen Sitzhaltungen oder bestimmten Hilfsmitteln begnügen.

Die einfachste Sitzhaltung ist »sukhāsana«, wörtlich der bequeme Sitz, bei uns unter dem Namen Schneidersitz bekannt. Die Stellung ist wohl jedermann zugänglich. Allerdings sollte mindestens darauf geachtet werden, daß die Fersen möglichst dicht am Körper liegen. Beschwerlich ist es indessen, in dieser Stellung längere Zeit den Rücken gerade zu halten. Hier ist es anfangs nützlich, sich einen breiten Schal um Rücken und Knie zu legen; dieser wird dann vorne so verknotet, daß er einen Teil des Gewichts trägt, welches sonst den Rücken belastet. Als Handhaltung bietet sich hier ganz besonders die Schoßhaltung an.

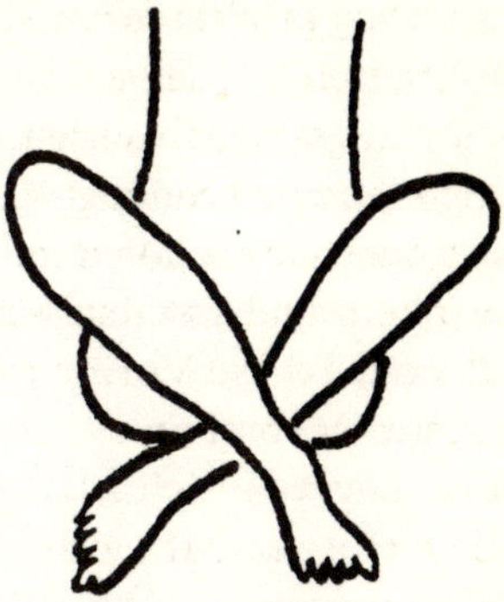

Wirkungsvoller, aber auch schwerer, ist »vajrāsana«, der Diamantsitz. Hier wird im Knien der Spann der Füße gestreckt; alsdann setzt man sich auf die Fersen. Diese können auch nach außen gesenkt werden, so daß man wie in einer Mulde sitzt. In beiden Fällen bewirkt das Aneinanderpressen von Ober- und Unterschenkel die für die Meditation so förderliche Herabsetzung der Blutzirkulation unterhalb der Hüften; auch ist es leichter als beim Schneidersitz, den Rücken gerade zu halten. Mit der Haltung der Hände gibt es auch hier keine Probleme: Die Hände können flach auf die Oberschenkel oder in den Schoß gelegt werden.

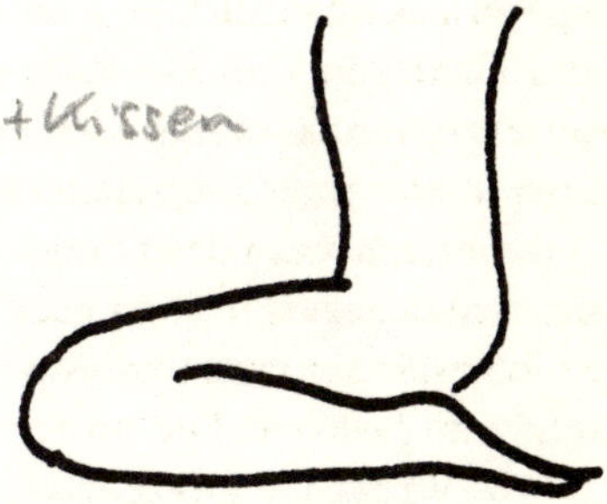

Auch der Diamantsitz hat indessen seine Schwierigkeiten. Der starke Druck auf den Spann, die Fußgelenke und die Waden führt bei Ungeübten schon nach kurzer Zeit zu unangenehmen, die Meditation störenden Empfindungen. Deshalb sei auch hier ein Hilfsmittel empfohlen: Man setze sich auf ein etwa 5 cm hohes hartes Kissen oder eine zusammengerollte Decke. Ist auch dies noch zu beschwerlich, so kann man sich eine kleine, etwa 10 cm hohe stabile Holzbank tischlern. Ein solches Bänkchen empfiehlt sich für Menschen, die mit ihren Fuß- und Beingelenken ernsthafte Schwierigkeiten haben.

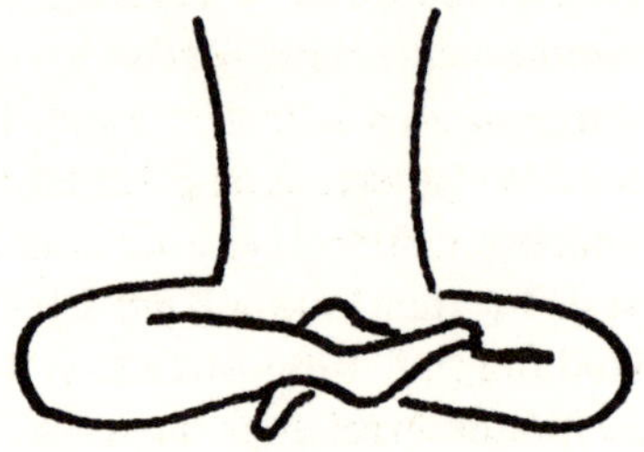

Viele Menschen können nach einiger Zeit der Übung ihre Knie ziemlich weit zur Erde bringen, jedoch ist es ihnen wegen der Versteifung der Fußgelenke nicht möglich, den Lotussitz einigermaßen beschwerdefrei einzunehmen. In diesen Fällen bietet sich »siddhāsana«, der vollkommene Sitz an. Das linke Kniegelenk wird gebeugt, die Ferse des linken Fußes an den Damm gedrückt. Ober- und Unterschenkel sollen jetzt flach am Boden liegen. Der rechte Fuß wird nun über den linken Fuß gelegt. Für die Handhaltung bietet es sich hier an, die Hände wie beim Lotussitz auf und um die Knie zu legen. – Auch hier gibt es Variationen. Man kann den unteren Fuß mit der Sohle an den gegenüberliegenden Oberschenkel bringen; die Außenkante des Fußes liegt dann auf dem Boden. Dieser Sitz heißt »svastikāsana« oder Haken-Sitz. Eine weitere Variation: Zuerst wird der untere Fuß zwischen Wade und Oberschenkel gezogen, dann der obere auch.

Über die körperlichen Voraussetzungen der Yoga-Meditation ist damit schon alles gesagt. Es kommt in diesem Rahmen allein darauf an, einen Meditationssitz für wenigstens 10 Minuten beschwerdefrei einnehmen zu können. Oft liest und hört man, daß die Yoga-Meditation Erfahrung und Können im

Haṭha-Yoga voraussetzt, also mindestens die möglichst perfekte Beherrschung der klassischen Körperhaltungen wie zum Beispiel Schulterstand (sarvāṇgāsana), Pflug (halāsana), Fisch (matsyāsana), Zange (paścimottānāsana), Kobra (bhujaṇgāsana), Heuschrecke (śalabhāsana), Bogen (dhanurāsana), Drehsitz (ardhamatsyendrāsana) und Kopfstand (śīrṣāsana), um nur die bekanntesten āsana anhand der in Yoga-Stunden gern gelehrten Ṛṣikeṣ-Reihe zu nennen. Das stimmt nicht. Natürlich ist es wichtig, daß der Meditierende einen gesunden Körper besitzt. Dies kann er aber auf verschiedene Weise erreichen; der Haṭha-Yoga ist nur eine der Möglichkeiten, allerdings eine außerordentlich gute. Aber letztlich ist es für den Erfolg einer Meditation recht unwichtig, ob der Meditierende bei gestreckten Beinen mit den Handflächen den Erdboden erreichen kann. Dies beinhaltet nämlich noch keineswegs die Fähigkeit, auch den Geist zu strecken. Wie sollte man sonst die in vielen Yoga-Unterrichtsstunden festzustellende Tatsache erklären, daß gerade ältere, im Haṭha-Yoga ungewandte Menschen außerordentliche Meditationsfähigkeiten entwickeln?

Geistige Voraussetzungen

Intelligenz. Die Yoga-Meditation erfordert entgegen einem weit verbreiteten Vorurteil weder besondere Intelligenz noch hohe geistige Bildung, schon gar nicht irgendwelche okkulte Fähigkeiten; sie setzt nur etwas Sensibilität, ein gewisses Maß an Beharrlichkeit und die Bereitschaft voraus, sich unter Preisgabe alter Anschauungen und Gewohnheiten Neuem aufzuschließen.

Unter Intelligenz versteht man ein ganzes Bündel von Eigenschaften, zum Beispiel rasche Auffassungsgabe, gutes Gedächtnis, sichere Kombinationsgabe, mitunter auch schöpferische Fähigkeiten. Damit liegt auf der Hand, daß ein besonders intelligenter Mensch eigentlich in einer dauernden geistigen Anspannung lebt, weil er im Gegensatz zu seinen insoweit bescheidener ausgestatteten Mitmenschen unablässig registriert und kombiniert; dabei empfindet er statt Freude über seinen raschen Intellekt nicht selten auch noch Ärger, nämlich über die Begriffsstutzigkeit der anderen. Diese ständige Angespanntheit führt leicht zu einer gewissen Überspanntheit. Das muß nichts Negatives sein: Was wären wir ohne den scharfen, motorisch vorantreibenden Intellekt unser großen Geisteswissenschaftler in Ost und West? Für die Yoga-Meditation wirken sich diese intellektuellen Fähigkeiten dagegen anfangs eher hinderlich aus, weil der unablässig denkende Mensch es naturgemäß viel schwieriger hat, seinen Geist zur Ruhe zu bringen, als derjenige, auf den nicht ständig Eindrücke und Informationen einstürmen, die er dann in Verbindung mit seinem schon gespeicherten reichen Wissen wieder zu neuen Erkenntnissen verarbeiten muß. Damit soll natürlich auch nicht gesagt werden, daß geistig wenig rege Menschen besonders gut meditieren können, weil ihr Geist schon von Natur aus eingeebnet ist. Die Wahrheit wird wie stets in der Mitte zu suchen sein. Danach sollte für die Meditation schon eine durchschnittliche Intelligenz vorhanden sein; wer davon mehr besitzt, müßte zunächst nur lernen, seinen Intellekt zu zügeln, das heißt, nicht jeder geistigen Versuchung nachzugehen, sondern unter Trennung von allem Unwesentlichen möglichst einfach zu denken.

Bildung. Ähnliches ist auch über die geistige Bildung zu sagen. Versteht man darunter die Anhäufung von bloßem Wissen, so dürfte der Besitzer eines besonders großen Bildungsberges eher beladen und bedrückt sein, denn weise. Interpretiert man Bildung dagegen als eine edle Geisteshaltung, so kann der Mensch von diesem Gut eigentlich gar nicht genug besitzen. Letztlich wird man den Grad einer Bildung wohl daran messen können, was der jeweilige Mensch aus Interesse um geistige Dinge den Grundwerten unserer Kultur entgegenbringt und wie er den Errungenschaften fremder Kulturkreise gegenübersteht. Danach ist Bildung eher etwas Sittliches, nämlich die ernste Beschäftigung mit kulturellen Werten im weitesten Sinne und die Achtung Andersdenkender. Von diesen Gaben freilich sollte der Meditierende möglichst viel mitbringen; dagegen sollte er es eher meiden, seinen Geist mit lexikalem Wissen zu beladen. Insoweit wird man sich mit der Tatsache zu bescheiden haben, daß Leibniz der letzte war, der sich noch einer allumfassenden Bildung rühmen durfte.

Spirituelle Fähigkeiten. Kommt es bei den intellektuellen und bildungsmäßigen Voraussetzungen noch auf ein harmonisches Mittelmaß an, so gilt für die im Grunde wohl allen Menschen gegebenen spirituellen oder okkulten Fähigkeiten: Je weniger, desto besser. Wer die Gabe besitzt, Menschen und Dinge nach seinem Willen zu beeinflussen, Geschehnisabläufe vorauszusagen oder gar mit für unsere normalen Sinne nicht faßbaren Wesen Kontakt aufzunehmen, wird darob selten glücklich sein, weil derartiges Können und Wissen zugleich eine ungeheure Verantwortung mit sich bringt. Deswegen werden wirklich medial begabte Menschen eher im stillen leben oder höchstens in kleinem Kreise zum Guten wirken. Ihnen stehen natürlich auf meditativem Gebiet Erkenntnisse offen, die für normale Menschen auch bei größtem meditativen Bemühen nicht erreichbar sind. Aber auf die übergroßen Ziele kommt es gar nicht an. Die Yoga-Meditation ist kein Wettbewerb zwischen medial besonders begabten Menschen, sondern ein Weg, zu sich selbst zu finden, um fortan in Harmonie leben zu können. Natürlich führt die Yoga-Meditation zwangsläufig zu tieferen Einsichten und bei manchen Menschen sicher auch zu der Fähigkeit, durch ihre Ausstrahlung auf andere einzuwirken. Darin liegt aber nichts geheimnisvoll Okkultes. Wer sich mit diesem Flair umgibt, hat das Wesen der Meditation nicht verstanden.

Sensibilität. Von den übermenschlichen Fähigkeiten ist die normale Sensibilität zu unterscheiden. Diese Feinfühligkeit für Eindrücke, Stimmungen und Schwingungen ist nun freilich für die Yoga-Meditation von Bedeutung. Wer erfolgreich meditieren will, muß die Gabe besitzen, sich in Dinge hineinzudenken, sich in ihren Kern hineinzuspüren. Dies klingt recht anspruchsvoll, ist aber im Grunde ganz einfach, weil es kaum einen Menschen gibt, der nicht wenigstens auf einen Eindruck anspricht, sei es auf den Klang von Musik, auf die Farben eines Bildes, auf die Struktur einer Form oder auf die Harmonie einer Landschaft. Diesen Menschen wird man bereits als sensibel, das heißt als beeindruckbar, bezeichnen dürfen. Da es in der Meditation anfangs kaum ohne Meditationshilfen geht, kommt es also durchaus auf eine gewisse Sensibilität an. Die Betonung liegt dabei aber auf dem Worte gewiß. Jede übersteigerte Sensibilität ist der wahren Meditation unzuträglich, weil es dann erst wieder gilt, den Geist von übermächtigen Eindrücken zu befreien. So ist auch hier die gesunde Mitte zwischen geistiger Robustheit und feinem Empfinden anzustreben.

Beharrlichkeit. Wer im Yoga-Stile meditieren will, muß auf jeden Fall Beharrlichkeit mitbringen. Zwar gibt es Menschen, denen auf diesem Gebiet alles wie von selbst zufliegt, so, wie es auch Erwachsene gibt, die auf Anhieb den Lotussitz beherrschen. Die Regel ist aber, daß das Meditieren über längere Zeit mit Fleiß und Ausdauer geübt werden muß. Hier kommt es demnach sehr auf einen festen Willen an, denn allzuleicht findet man sonst sich selbst gegenüber Entschuldigungen und Ausflüchte. Dies gilt insbesondere für Zeiten, in denen man fast mutlos wird, weil so gar keine rechten Fortschritte zu erkennen sind. Gerade in diesen Zeiten aber zeigt es sich, ob man eines Tages aus dem großen Kreis der an meditativen Dingen nur obenhin Interessierten aufsteigen wird. Bleibt man sich selbst und der Sache treu, so wird der Lohn für diese Beharrlichkeit nicht lange auf sich warten lassen; quält man sich dagegen durch die täglichen Übungen, so ist jeder Fortschritt nahezu ausgeschlossen. Auch hier kann allerdings ein großes indisches Prinzip weiterhelfen. Danach sind jedem Menschen entsprechend seiner Stellung, aber auch seinen Wünschen, bestimmte Pflichten auferlegt. Erfüllt er dieses dharma mit freudiger Gewissenhaftigkeit, so ist er auf dem richtigen Wege; mißachtet er dagegen das Gesetz des dharma, so wird er zwar zeitweise bequemer leben; im Ergebnis wird er aber statt der erstrebten Harmonie nur ein gestörtes Verhältnis zu sich selbst und zu seiner Umwelt haben.

Änderungsbereitschaft. Für den Erfolg der Yoga-Meditation ist es letztlich allein ausschlaggebend, ob man die Bereitschaft besitzt, sich zu ändern. Dies erfordert eine ganz bestimmte geistige Einstellung: Hängt man aus Bequemlichkeit oder Angst an alten Gewohnheiten, so nützt alle Beharrlichkeit im Meditieren wenig. Bringt man dagegen Mut auf, neue Erkenntnisse auch wirklich umzusetzen, so ist der Weg zu höheren Lebensstufen frei. Dazu einige ganz auf die drei menschlichen Grundbedürfnisse abgestellte Bemerkungen:

Leben bedeutet in erster Linie Stoffwechsel. Meditiert man über längere Zeit, so gewinnt man wohl ausnahmslos die Erkenntnis, daß man die Nahrungsprobleme bislang falsch bewertet hat. Richtet man sein Leben nach dieser Erkenntnis ein, so fallen plötzlich viele Zwänge fort. Man ißt und trinkt zum Beispiel nur noch, was der Körper wirklich braucht, nämlich erstaunlich wenig, und auch nur dann, wenn es der Körper benötigt, vor allem aber in einer der Nahrung und dem Menschen geziemenden Weise, nämlich ruhig, langsam und in harmonischer Umgebung. Damit wird man von seiner Umwelt natürlich sofort zum Außenseiter abgestempelt. Aber steht man, von der Mitte des Lebens gesehen, wirklich außen, wenn man auf giftige Stoffe wie Alkohol, Nikotin und konservierende Chemikalien verzichtet, ungesunde Lebensmittel wie weißes Mehl, Zucker und geringwertige Fette ablehnt oder die Tischgesellschaft von Menschen meidet, die auch beim Essen nur über Berufsprobleme, häusliche Sorgen oder gar Schicksalsschläge zu reden wissen? Hat man den Mut, sich von diesen unser Leben so beherrschenden Nahrungsgewohnheiten zu trennen, so gewinnt man etwas zurück, was man längst für verloren gehalten hat: die Beziehung zur Natur und die Freude über ihre Vielfalt, dazu die Achtung vor allem Lebendigen. Diese Erkenntnis bewirkt, daß viele Yogis vegetarisch leben, genauer gesagt laktovegetarisch, also von Milch- und Pflanzenprodukten. Vegetarische Lebensweise ist, um auf eine weitere Irrmeinung einzugehen, indessen keineswegs ein Yoga-Gebot. Wenn indische Yogis so leben, so beruht dies auf den besonderen klimatischen Verhältnissen Indiens und auf der Hindu-Religion, die den Akt des Tötens und damit den Fleischverzehr verbietet. Europäische Yogis sollten insoweit der natürlichen Intelligenz ihres Körpers vertrauen, statt blindlings nachzueifern. Dann regelt sich die vordergründig wichtigste Frage unseres täglichen Lebens, nämlich das Nahrungsproblem, von selbst.

Leben bedeutet aber auch menschliche Gemeinschaft, denn auf sich allein gestellt ist der Mensch unter den heutigen Gegebenheiten nicht mehr lebensfähig. Dies mag eine bedrückende Tatsache sein, denn viele Menschen erhoffen sich gerade von der Meditation die Befreiung von gesellschaftlichen Zwängen. Für diese Menschen gilt es deshalb, den umgekehrten Weg zu gehen, nämlich sich ganz bewußt in die menschliche Gemeinschaft einzuordnen, allerdings in eine von ihnen dank der in der Meditation gewonnenen Unterscheidungsschau nach den eigenen Bedürfnissen und Wertvorstellungen selbst gestaltete Gemeinschaft. Auch dazu bedarf es wieder einigen Mutes: Es mag schon schwer sein, Nahrungsgewohnheiten aufzugeben; viel schwerer ist es indessen, den eigenen Lebenskreis zu verändern. Dies ist jedoch für die Selbstentfaltung und das spätere Lebensglück mitunter unerläßlich. Dabei ist aber tröstlich, daß die Veränderung keineswegs von einem Tag auf den anderen erfolgt, so wie es bei dem Eintritt in eine Sekte der Fall sein mag. Der Übergang vollzieht sich vielmehr ganz allmählich, vom Meditierenden oftmals selbst gar nicht wahrgenommen. So wird manchmal plötzlich mit Überraschung registriert, daß an die Stelle alter Bekannter neue Freunde getreten sind oder daß ein in kalter Routine erstarrtes Gemeinschaftsleben durch eine dem geistigen Entwicklungsstand des Meditierenden angemessene Lebensform der toleranten Mitmenschlichkeit ersetzt wurde. Daß bei diesem trennenden Neubeginn alte Pflichten nicht zum Schaden der auf ihre Erfüllung Angewiesenen vernachlässigt werden dürfen, ist selbstverständlich. Auch hier gilt das Gesetz des dharma, ohne dessen Erfüllung es keine Harmonie geben kann.

Leben bedeutet letztlich noch ein Drittes, nämlich sinnvolles Tun. Wer zu meditieren weiß, dem wird es insoweit niemals an Anregungen fehlen; dies bewirkt die in der Meditation erreichte Bewußtseinserweiterung. Wichtig ist indessen auch hier die geistige Bereitschaft, die erkannten Möglichkeiten in die Tat umzusetzen. So ist immer wieder zu beobachten, daß Meditations-Neulinge sich nicht nur entgegen früherer Gewohnheit geistigen Dingen wie guter Lektüre, Musik oder Malerei zuwenden, sondern daß sie sogar selbst beginnen, auf diesen und ähnlichen Gebieten alte Fähigkeiten aufzufrischen oder neue zu entwickeln. Auch hier wird ihre Umwelt zunächst erstaunt oder sogar befremdet reagieren. Aber mit Sicherheit wird diese Reaktion alsbald geheimer Bewunderung oder gar offener Zustimmung weichen. Ebenfalls häufig und von noch größerem Wert ist jedoch die in der Meditation gewonnene Erkenntnis, sich seinen Mitmenschen verstärkt zuwenden zu müssen. Wird auch diese Erkenntnis in die Tat umgesetzt, so kann ein meditierender Mensch plötzlich bewirken, daß sich seine ganze häusliche und berufliche Umgebung verändert, weil er den Mut gehabt hat, sich selbst zu ändern. Und da alle menschlichen Beziehungen dem Gesetz der Wechselwirkung unterliegen: Was der Mensch insoweit bereit ist, an Hilfe, Vertrauen und Freude selbstlos zu gewähren, das wird ihm von anderer Seite auch zurückgegeben werden.

Mögliche Gefahren

Die körperlichen und geistigen Voraussetzungen der Yoga-Meditation sind nicht gering, ihre Ziele sind hoch. Deshalb darf nicht übersehen werden, daß die Yoga-Meditation auch Gefahren in sich birgt. Die Erkenntnis dieser Gefahren hilft, sie zu meiden oder zu meistern.

Im körperlichen Bereich sind die Gefahren der Yoga-Meditation allerdings sehr gering, weil dem Meditierenden lediglich das Erlernen eines Meditationssitzes abverlangt wird. Insoweit kann, wenn das zur Schmerzgrenze Gesagte beachtet wird, keine Gefährdung eintreten. Insbesondere stehen körperliche Leiden der Meditation nicht entgegen. Eher gilt das Gegenteil: Wer nicht gesund ist, sollte durch Meditation versuchen, die geistigen Voraussetzungen für eine Heilung zu schaffen, und zwar eingedenk der zwischen Körper und Geist bestehenden Wechselwirkungen. Nicht ohne Grund hat nämlich schon Hippokrates die Krankheit als eine geistartige Erscheinung des Körpers definiert.

Eher könnten schon Gefährdungsmöglichkeiten im geistig-seelischen Bereich gegeben sein. Hier kommt es entscheidend auf die Art und Weise der Meditation an. So wird ein geistig erkrankter Mensch sicherlich ein friedliches Landschaftsbild ohne Schaden meditativ betrachten können; dagegen sollte er Meditationsübungen meiden, bei denen es um Bewußtseinsauflösung oder Bewußtseinsleere geht. Übungen, die sogar auf die zeitweilige Trennung von Körper und Geist hinzielen, sollten ohne Grund nicht einmal von geistig Gesunden vollzogen werden, ganz abgesehen davon, daß sie dem Harmonisierungsgedanken zuwiderlaufen könnten. So darf man wohl sagen, daß die Yoga-Meditation einem geistig gesunden Menschen niemals Schaden zufügen kann; ein geistig Erkrankter sollte jedoch seinen Arzt befragen, bevor er beginnt, die Meditation zu erlernen.

Wenn es überhaupt eine Gefährdungsmöglichkeit gibt, so liegt sie, so paradox das klingen mag, im Erfolg der Yoga-Meditation begründet. Das Wachsen der geistigen Kräfte, der Gewinn der unfehlbaren Unterscheidungsschau, kurzum das Erreichen einer höheren Bewußtseinsstufe bedeuten ein großes persönliches Erfolgserlebnis. Wird dieses nicht richtig verarbeitet, so besteht die Gefahr, daß die Überlegenheit in Hochmut umschlägt. Deshalb sollte die Meditation niemals um ihrer selbst willen geübt werden, gewissermaßen als intellektuelle Spielerei. Sie muß vielmehr stets ein realitätsbezogenes Ziel haben, das heißt, der Meditierende muß trotz aller ihm zuwachsenden Fähigkeiten auf dem Boden der Tatsachen seines Lebens bleiben. In diesem Sinne führt die Yoga-Meditation nicht in die elitäre Absonderung, wohl aber zur Aristokratie des Geistes.

Zusammenfassung. Die Yoga-Meditation setzt auf körperlichem Gebiet das Erlernen eines Meditationssitzes voraus. Auf geistigem Gebiet erfordert sie Beharrlichkeit und Änderungsbereitschaft. Körperliche Leiden stehen der Meditation niemals entgegen; geistig Kranke bedürfen, bevor sie sich meditativ beschäftigen, der Beratung ihres Arztes.

3. Teil: Vorbereitung

Wer auf dem Yoga-Wege die Selbstentfaltung sucht, darf keine breite bequeme Straße erwarten; er muß sich vielmehr mit einem schmalen, steilen, mitunter sogar schlecht ausgeleuchtet erscheinenden Pfad abfinden. Diese Tatsache läßt alles an Bedeutung gewinnen, was dem Aufstieg nutzen kann. Dies sind zunächst einmal die reinen Äußerlichkeiten des Wann, Wo und Wie der Meditationsübungen; sodann das Gewinnen der rechten inneren Einstellung.

Äußerer Rahmen

Wann soll man meditieren? Die Frage, wann man meditieren soll, beantwortet sich ganz von selbst, wenn man nach einem normalen Tagesrhythmus lebt. Dann wird man nämlich zwischen 6 und 7 Uhr aufstehen, gegen 18 Uhr sein Tageswerk erledigt haben und gegen 22 Uhr zu Bett gehen. In einem solchen Falle bieten sich als Meditationszeiten die Morgen- und Abendstunden an. Beide haben ihre Vor- und Nachteile.

Der Nachteil der Morgenmeditation liegt darin, daß man früher aufstehen muß. Dies klingt banal. Aber unendlich viele Menschen geizen frühmorgens mit jeder Minute, teils aus Bequemlichkeit, teils weil sie infolge falscher Zeiteinteilung nicht ausgeschlafen haben, aber auch aus echter Not, weil sie trotz allen Bemühens nicht richtig schlafen konnten. Diese Menschen werden sich nur mit Widerwillen 20 bis 30 Minuten früher erheben. Damit verbauen sie sich aber den Einstieg in die Meditation. Dieser kann nur einem ausgeglichenen, von positiver Grundstimmung erfülltem Menschen gelingen. Deshalb sollten sich diese Menschen erst gar nicht frühmorgens zur Meditation quälen; ihre Meditationszeit sind die Abendstunden.

Wer dagegen morgens mit dem Aufstehen keine Probleme hat, der sollte unbedingt die Morgenmeditation bevorzugen.

Sie wird ihm für den Tagesablauf Ausgeglichenheit, Spannkraft und ein heiteres Gemüt schenken. Dabei ist es von besonderem Wert, wenn man gerade zur Zeit des Sonnenaufgangs meditiert, so wie dies die indischen Yogis seit alters her zu tun pflegen. In unseren geographischen Breiten muß sich der werktätige Mensch allerdings damit abfinden, daß sein Tagesbeginn nur in wenigen Wochen mit dem Sonnenaufgang zusammenfällt.

Der Vorteil der Abendmeditation liegt darin, daß sie einen harmonischen Abschluß des Tagesgeschehens bewirkt. Dies ist in unserer hektischen Zeit von größter Wichtigkeit. Viele Menschen müssen tagsüber in ihrem Beruf oder in ihrer Familie soviel leisten, daß sie sich sogar am Abend nicht mehr richtig entspannen können. Es liegt auf der Hand, daß diese Menschen auch nicht gut schlafen können, weil sie selbst im Schlafe noch von den im Unterbewußtsein nicht verarbeiteten Problemen verfolgt werden. Hier kann die vor dem Zubettgehen, wenn möglich bei Sonnenuntergang durchgeführte Meditation geradezu Wunder bewirken. So wird von Teilnehmern in Anfängerkursen regelmäßig berichtet, daß sie nun wieder viel besser schlafen könnten; manch einer verkündet sogar voller Stolz, daß er keine Schlafmittel mehr benötige. Diese kurzen Mitteilungen mögen angesichts des großen Yoga-Gedankens unbedeutend erscheinen. Für den jeweiligen Menschen sind die kleinen Anfangserfolge jedoch von größter Wichtigkeit; geben sie ihm doch oftmals erst den Anstoß, nun auf dem vollen Yoga-Pfad konsequent weiterzugehen.

Es darf jedoch nicht übersehen werden, daß die Abendmeditation auch Nachteile mit sich bringen kann. Die in der Meditation erreichte Bewußtseinserweiterung kann nämlich auch dazu führen, daß der Geist nun von einer Vielzahl schöner Gedanken und Empfindungen erfüllt ist. Auch dieses Hochgefühl steht einer geruhsamen Nachtruhe entgegen. Zwar wird die Schlaflosigkeit dann nicht als lästig oder gar bedrohlich empfunden; auch wird man am Morgen trotz verkürzten Schlafes kaum unausgeschlafen aufwachen. Über längere Zeit gesehen entsteht aber sicherlich ein ernst zu nehmendes Schlafdefizit. Deshalb sollten Menschen, denen die Meditation rasch zu anhaltenden Hochgefühlen verhilft, lieber die Morgenmeditation bevorzugen.

Wer über einige Wochen regelmäßig meditiert hat, wird mit Sicherheit feststellen, ob ihm die Morgenmeditation oder die Abendmeditation Vorteile bringt. Dabei darf sich der Anfänger aber nicht dadurch verwirren lassen, daß ihm wieder einige Zeit später gerade die andere Meditationszeit vorteilhafter erscheint. Dieser Wechsel im Meditationsempfinden besagt nur etwas Erfreuliches, nämlich daß sich die ersten größeren Meditationserfolge einstellen. Für den geübten Yogi ist es selbstverständlich, daß ihn jede Meditation zum erstrebten Ziele führt, zum Beispiel die Morgenmeditation zur körperlichen und geistigen Frische, die Abendmeditation zur heiteren Gelassenheit. Deshalb sollte es jedem um die Meditation wirklich Bemühten nach einigen Anfangsmonaten zur Selbstverständlichkeit werden, morgens und abends zu meditieren. Ob dazu auch Meditationszeiten während des Tages kommen, hängt vom Einzelfall ab. Wer insoweit ein Bedürfnis verspürt, sollte seinem Empfinden unbeirrt nachgehen, ohne darüber jedoch seine Tagespflichten zu vernachlässigen. In diesem Sinne kann die Tagesmeditation durchaus zu einer Regeneration der Kräfte und damit zur Lösung größerer Aufgaben beitragen.

Wo? Die Entscheidung der Frage, wo man meditieren soll, hängt von der Meditationszeit ab. Meditiert man gleich nach dem Aufstehen oder kurz vor dem Schlafengehen, so wird man sich in der Regel in seiner Wohnung aufhalten. Dort gilt es nun, einen Raum aufzusuchen, der der Meditation zuträglich ist. Dies bedingt in erster Linie, daß es in dem Raum nicht zu warm und nicht zu kalt, vor allem aber ruhig, möglichst sogar vollkommen still ist. Zwar wird sich ein geübter Yogi nicht durch Geräusche in seiner Meditation beirren lassen; ein Anfänger wird indessen durch Straßenlärm oder Haushaltsgeräusche, ja selbst durch das Ticken einer Uhr, gestört werden. Will man diese Störungsquellen ausschalten, so gibt es nur zwei Möglichkeiten: Man muß vor seinen Familienangehörigen aufstehen und nach ihnen schlafengehen oder sie um Ruhe bitten. Letzteres ist der bessere Weg. Zwar mag diese Bitte anfangs selbst bei einer toleranten Familie auf leichtes Befremden stoßen, zumal wenn Kinder da sind. Die Erfahrung zeigt, daß aber gerade Kinder zu den rücksichtsvollsten Mitbewohnern werden, wenn man ihnen erklärt und zeigt, was man in dem Raume macht. Sie registrieren mit ihrem unkomplizierten Empfinden nämlich als erste, daß die Ruhepause zu aller Vorteil aus der streßgeplagten Hausfrau wieder eine ausgeglichene Mutter macht.

Oftmals wird sich auch die Gelegenheit bieten, im Freien zu meditieren, sei es auf dem Balkon, im Garten oder sogar in der Natur. Diese Möglichkeit sollte unbedingt wahrgenommen werden, auch wenn es außerhalb des Hauses viele Störungsquellen gibt, man denke nur an lästige Insekten. Diese Nachteile werden indessen durch die frische Luft und das Gefühl der Naturverbundenheit vielfach aufgewogen. Deshalb sollte man, zum Beispiel im Urlaub, seine Meditation an landschaftlich besonders schönen Stellen durchführen, etwa in einer Berglandschaft, am Meeresstrand oder am Ufer eines Sees. Hat man dabei das Glück, auch einen Sonnenaufgang oder Sonnenuntergang zu erleben, so gewinnt man Eindrücke, von denen man bei der häuslichen Meditation noch lange zehren kann. So versteht man dann auch, daß sich indische Yogis seit Tausenden von Jahren zur Meditation gerne in die Natur zurückziehen.

Wie? Zu den äußeren Bedingungen der Meditation gehört auch die Frage, ob man alleine, zu zweit oder in einer Gruppe üben soll, desgleichen, ob mit oder ohne Lehrer. Die Antwort lautet, daß man üblicherweise alleine meditiert, allenfalls in Gesellschaft eines vertrauten Menschen; daneben sollte man aber durchaus die Möglichkeit nutzen, unter der Leitung eines erfahrenen Yoga-Lehrers in einer Gruppe weiter zu üben.

Die Tatsache, daß man im wesentlichen alleine zu meditieren hat, ergibt sich schon aus den Meditationszeiten. Frühmorgens und spätabends wird man nur in den seltensten Fällen eine täglich zusammenkommende Gruppe finden. Ob man dagegen zu Hause mit Familienangehörigen meditiert, ist eine nur nach dem Einzelfall zu beurteilende Frage. Das gemeinsame Hineinwachsen in die Yoga-Meditation kann eine außerordentlich beglückende Sache sein; dies gilt insbesondere für den Fall, daß man mit Kindern übt. Allerdings sind in solchen Fällen naturgemäß auch die Störfaktoren größer.

Das Üben in einer geleiteten Gruppe ist dagegen in jedem Falle von großem Gewinn; es kann jedoch nicht die häusliche Arbeit am eigenen Selbst ersetzen. Allerdings wird es recht schwer sein, eine Gruppe zu finden, die klassische Yoga-Meditation pflegt. In Yoga-Kursen wird in der Regel nur der Haṭha-Yoga gelehrt, also der Yoga der körperlichen Übungen. Mitunter schließt sich in Kursen für Fortgeschrittene an die körperlichen Übungen noch eine Meditation an. Diese kann jedoch entsprechend der Einstellung des Lehrers zu meditativen Dingen sehr unterschiedlich ausfallen, nämlich von reinen Konzentrationsübungen bis zum Hineindenken in schwierigste abstrakte Begriffe; oftmals überläßt der Lehrer seine Schüler während der Meditation auch völlig sich selbst, und zwar nicht zuletzt aus Achtung vor der fremden Persönlichkeit. Der Anfänger wird mithin in geleiteten Yoga-Kursen auf meditativem Gebiet nur selten das finden, was er sucht und was er gerade im Augenblick benötigt. Hat er allerdings das Glück, in eine an klassischen Zielen orientierte Meditationsgemeinschaft hineinzuwachsen, so wird ihm der Yoga-Weg erheblich erleichtert. Der Kontakt mit Gleichgesinnten, die Beantwortung aller auftauchenden Fragen und das Gefühl, von einer geschlossenen Gemeinschaft getragen zu werden, sind erhebliche Vorteile. Es gibt aber auch eine große Gefahr. Ist der Yoga-Lehrer eine überragende Persönlichkeit mit großer Ausstrahlungskraft, so kann es passieren, daß sich der Anfänger seinem Lehrer kritiklos, ja nahezu ergeben anschließt, so wie es in Indien viele Yoga-Schüler gegenüber ihrem Meister, dem Guru, tun. Dies kann mindestens zeitweise zur Unselbständigkeit führen, also zu einem Zustand, der durch die Meditation gerade überwunden werden sollte. Ein guter Lehrer wird indessen seinen Schülern niemals ein Gefühl der Abhängigkeit vermitteln; sein Bestreben wird es vielmehr sein, dem Anfänger den Weg zu zeigen und ihn an schwierigen Stellen beratend zu führen. Ist die oft so problematische Lehrer-Schüler-Beziehung in diesem Sinne von beiderseitiger Achtung erfüllt, so kann dem Anfänger wie dem Fortgeschrittenen nur empfohlen werden, zusätzlich in einer Gruppe zu meditieren.

Innere Einstellung

Entspannung. Ist der äußere Rahmen geschaffen, so gilt es, sich innerlich auf die Meditation einzustellen. Für den Anfänger werden sich hier die ersten ernsten Schwierigkeiten ergeben. Er sollte deshalb die folgenden Hinweise genauestens beachten. Sie führen ihn nicht nur an die Meditation heran, sondern bereits in sie hinein.

Anfangs ist es unerläßlich, mit einer Entspannungsübung zu beginnen. Das liegt auf der Hand, wenn man abends meditiert, weil sich tagsüber Spannungen und Verkrampfungen aufgebaut haben; aber auch gleich nach dem Aufstehen ist eine Entspannung nützlich, um die Morgensteifheit aus Körper und Geist zu vertreiben. Durch die folgende kleine Übung gewinnt man in etwa 5 Minuten mit Sicherheit die zur Meditation erforderliche Spannungsbalance:

Auf festem Untergrund in bequemer, nicht beengender Kleidung flach auf dem Rücken liegen, die Arme neben dem Körper, die Beine leicht gespreizt, das Kinn ganz leicht zum Brustbein gezogen, ruhig atmen.
Die Zehen des rechten Fußes jeweils einen Atemzug lang kräftig krümmen, weit spreizen, normal halten; dasselbe mit den Zehen des linken Fußes.
Den rechten Fuß im Gelenk jeweils einen Atemzug lang nach innen drehen, nach außen drehen, normal halten; dasselbe mit dem linken Fuß.
Das rechte Bein gestreckt aus der Hüfte jeweils einen Atemzug lang weit nach innen drehen, weit nach außen drehen, normal halten; dasselbe mit dem linken Bein.
Die Finger der rechten Hand jeweils einen Atemzug lang kräftig zu einer Faust ballen, weit spreizen, normal halten; dasselbe mit den Fingern der linken Hand.
Die rechte Hand im Handgelenk jeweils einen Atemzug lang nach innen drehen, nach außen drehen, ruhig halten; dasselbe mit der linken Hand.
Den rechten Arm aus der Schulter heraus jeweils einen Atemzug lang weit nach innen drehen, weit nach außen drehen, normal halten; dasselbe mit dem linken Arm.
Die Muskulatur des Gesäßes und der Bauchdecke einatmend fest zusammenziehen, einige Sekunden bei angehaltener Luft verharren und ausatmend lösen.
Die Muskulatur des Rückens und des Brustkorbs einatmend anspannen, einige Sekunden anhalten und ausatmend lösen.
Alle Muskeln des Gesichts und der Kopfhaut einatmend anspannen, dabei von der Vorstellung her das Gehirn durch den Druck der Schädelknochen wie einen Schwamm auspressen; nach einigen Sekunden ausatmend lösen und wie-

der von der Vorstellung her frisches Blut in das Gehirn einströmen lassen.
Ruhig liegen und den Atem in einem langen Zug einatmend vom Bauch her nach oben führen (Bauch – Brust – Schlüsselbeine nacheinander leicht heben), von oben nach unten gleichmäßig ausatmen (Schlüsselbeine – Brust – Bauch sinken lassen), die Bauchdecke zum Herausdrücken der Restluft ein klein wenig einziehen, einen Augenblick verharren und, wenn sich der Einatmungsreflex ankündigt, den Atemzug wiederholen.
Nach drei dieser tiefen Atemzüge normal weiteratmen, dabei etwa eine Minute lang die Körperpunkte erspüren, mit denen der Körper besonders aufliegt (Fersen – Waden – Gesäß – Schulterblätter – Hinterkopf – Unterarme – Handaußenkanten), dabei die Vorstellung entwickeln, daß alles Schwere durch diese Auflagepunkte in den Boden abfließt.

Wer Schwierigkeiten hat, den Ablauf dieser Übung zu behalten, möge sich klarmachen, daß die Entspannung im Yoga immer von unten nach oben, von außen nach innen führt. Hilfreich kann es auch sein, wenn man sich die Übungsfolge zunächst einmal auf Tonband spricht und dieses während der Übung ablaufen läßt. Sollte der lange Atemzug anfangs nicht so recht gelingen, so besteht kein Grund zur Sorge; im Laufe einiger Monate werden Zwerchfell und Rippenbögen bestimmt beweglicher werden.

Yoga-Mudrā. Als nächstes gilt es, Körper und Geist in ein ausgeglichenes Verhältnis zu bringen. Dazu eignet sich am besten yoga-mudrā. Unter einer mudrā versteht man eine körperliche Übung, die durch ihre Gestik und Ausdruckskraft über die gängigen āsana des Haṭha-Yoga hinaus ganz besonders geeignet ist, auch mentale Wirkungen zu entfalten.

Für yoga-mudrā nimmt man zunächst den Fersensitz

(vajrāsana) ein. Dann senkt man den Oberkörper auf die Oberschenkel und stützt die Stirn leicht auf den Boden.

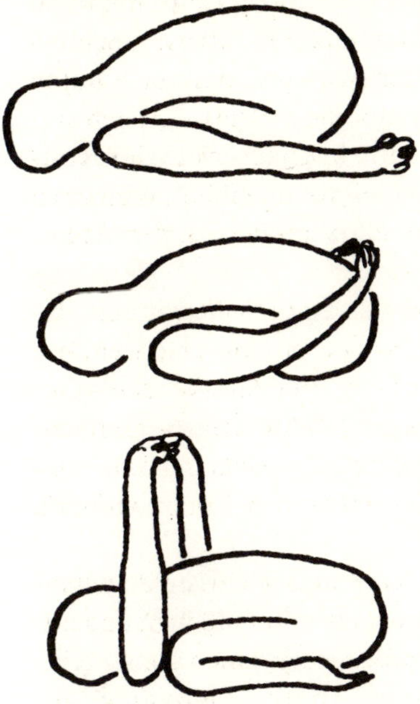

Die Arme werden neben dem Körper flach nach hinten gestreckt. Nunmehr atmet man 2–3 Minuten in normalem Rhythmus durch die Nase leicht ein und aus; beim Ausatmen gibt man innerlich immer weiter nach. Auch Ungeübte werden alsbald feststellen, daß mit der Zeit eine wundervolle Ruhe in Körper und Geist einkehrt. Wichtig ist, daß man den Oberkörper bei Beendigung der mudrā sehr langsam aufrichtet. Ist dies geschehen, so sollte man zum Ausgleich der Vorwärtsbeugung den Kopf einen Augenblick in den Nacken legen und die Arme mit hinter dem Rücken verschränkten Händen kräftig nach unten strecken. Dann hält man den Kopf wieder normal und legt die Hände auf die Oberschenkel.

Auch bei yoga-mudrā gibt es Variationsmöglichkeiten. Will man besondere Wirkungen im Beckenbereich erzielen, so braucht man nur die Hände auf dem Rücken zu verschränken. Das Gewicht der völlig entspannt gehaltenen Arme wird dann das Gefühl verstärken, daß aus diesem Körperbereich alles Schwere in den Boden abfließt. Möchte man ähnliche Wirkungen im Hals- und Kopfbereich herbeiführen, so muß man die Arme mit ineinandergefalteten Händen senkrecht nach oben strecken. Diese klassische Stellung erfordert indessen bewegliche Schultern, biegsame Handgelenke und eine gesunde Halswirbelsäule. Anfängern sei deshalb geraten, sich diese Voraussetzungen erst einmal durch Haṭha-Yoga zu verschaffen; andernfalls könnte übergroßer Kraftaufwand die entspannte Leichtigkeit der mudrā beeinträchtigen.

Prāṇāyāma. Hat man yoga-mudrā beendet und wieder den Fersensitz eingenommen, so ist es an der Zeit, eine Prāṇāyāma-Übung anzuschließen. Die hier vorgeschlagene Übung nadī-śodhana ist ausgesprochen einfach; gleichwohl trägt sie sehr gut zum Gelingen der eigentlichen Meditation bei:

> Fersensitz einnehmen, Hände auf den Oberschenkeln, Rükken gerade, Kopf im Gleichgewicht.
> Yoga-Atmung; dabei gleichlang durch die Nase ausatmen und einatmen.
> Ein Gefühl des Wiegens oder Einpendelns entstehen lassen.
> Von der Vorstellung her durch die Nasenlöcher abwechselnd atmen: Links aus – links ein – rechts aus – rechts ein – links aus – links ein – rechts aus – rechts ein usw.
> Vom Gefühl her einen Atembogen entwickeln, der zunächst von der einen Nasenöffnung über die Mitte der Stirn bis zur anderen Nasenöffnung reicht und sich später in Form eines umgekehrten U von einem Hüftknochen über die Stirnmitte zum anderen ausweitet.
> Nach etwa 3 Minuten wieder normal atmen.

Dazu drei Erläuterungen: Unter Yoga-Atmung versteht man den tiefen, alle Räume des Körpers ausfüllenden Atemzug, der schon bei der Entspannungsatmung beschrieben wurde. Wird im Sitzen geatmet, so ist die Wirkung noch intensiver, weil man den Atem ohne große Mühe vom Beckenboden her aufsteigen lassen kann. Dabei ist allerdings ein Detail von größter Wichtigkeit: Der Bauch darf niemals so gewölbt werden, daß die

Spannung in der Bauchdecke verlorengeht, weil es dann unmöglich wäre, auf dem schlaffen Unterleib die dehnende Brustatmung aufzubauen. Hierzu bedarf es eines festen Fundaments, nämlich der kontrollierten Bauchdecke.

Die gesamte Yoga-Atmung, insbesondere die Entwicklung des Atembogens zwischen den Nasenöffnungen und der Stirn, setzt voraus, daß die Nase vollkommen frei ist. Dies ist indessen nur selten der Fall; insbesondere nach dem Aufstehen ist meist ein Nasengang nahezu verschlossen. In diesem Fall kann man sich dadurch helfen, daß man, wenn zum Beispiel der linke Gang blockiert ist, die linke Faust etwa eine Minute lang kräftig unter die rechte Achselhöhle preßt; umgekehrt drückt man zur Befreiung der rechten Nasenhälfte die rechte Faust unter die linke Schulter. Anfangs mag sich der lösende Reflex vielleicht nicht immer einstellen; mit einiger Übung erreicht man aber fast automatisch das gewünschte Ergebnis. Sollte es im Einzelfall dennoch lang anhaltende Schwierigkeiten geben, so hilft »neti«, eine Spülung des verstopften Nasenganges. Dazu zieht man aus der hohlen Hand bei schräg geneigtem Kopf etwas lauwarmes, leicht gesalzenes Wasser behutsam hinauf, und zwar solange, bis man im Mund einen salzigen Geschmack verspürt.

Sollte das abwechselnde Atmen durch die Nasenöffnungen anfangs nicht so recht gelingen, so kann die rechte Hand zu Hilfe genommen werden: Zeige- und Mittelfinger werden gekrümmt, die drei anderen Finger gestreckt. Nun verschließt man mit dem Daumen das rechte Nasenloch und atmet durch die linke Nasenöffnung. Ist der Atemvorgang links beendet, so verschließt der Ringfinger das linke Nasenloch, der Daumen gibt die rechte Nasenöffnung frei, und der Atemvorgang läuft rechts ab. Auf diese Weise pendelt die Hand verschließend und öffnend im Atemrhythmus.

Wer im Yoga, insbesondere im prāṇāyāma, schon einige Erfahrungen gesammelt hat, wird hier die Frage stellen, ob denn nicht statt der vergleichsweise einfachen Wechsel-Atmung schwierigere Prāṇāyāma-Übungen durchgeführt werden sollten, um vielleicht noch größere Wirkungen zu erzielen. Dazu bedarf es einiger grundsätzlicher Bemerkungen. Denn selbst unter Yogis herrscht Streit, wie man den Atem zügeln soll. Einige empfehlen dazu Schnellatmungsübungen (kapalabhati oder agnīsara) und lange Atemverhaltungen (kuṃbhaka) im Rahmen einer rhythmischen Atmung (bhastrika), dies alles kombiniert mit einer besonderen Kehlatmung (ujjayi) und Körperverschlüssen (bandha). Andere dagegen lehnen derart komplizierte Eingriffe in den natürlichen Atemrhythmus als harmoniestörend rundweg ab. Bei dieser Sachlage erscheint es ratsam, sich auch in dieser Frage an das zu halten, was Patañjali in seinem Yoga-Sūtra über prāṇāyāma gesagt hat. Dort heißt es wörtlich:

> Nun setzt die Atemzügelung ein, das heißt die Unterbrechung des gewöhnlichen Rhythmus von Einatmen und Ausatmen. Die Atemzügelung hat folgenden Rhythmus: Ausatmen, Einatmen, Festhalten. Der Atem wird bemessen nach räumlicher Ausdehnung, Zeit und Zahl; ferner ob er heftig, langgezogen ist oder leicht. Die vierte Art des Atmens kann nicht mehr nach Ausatmen und Einatmen oder nach den anderen genannten Maßstäben bemessen werden. Durch die hier gelehrte Atemzügelung wird die Hülle vor der inneren Klarheit weggezogen. Auch entwickelt sich daraus eine Tauglichkeit des Denkorgans für die Konzentration.

Diese Worte sind nicht einfach zu verstehen, denn beim ersten Lesen fragte man sich natürlich etwas verwirrt, was denn nun über den Atemvorgang gelehrt worden ist; eigentlich enthält die Textstelle ja nur eine Aufzählung der jedermann bekannten Atemmöglichkeiten. Also gilt es, die Textstelle auszulegen, und zwar entsprechend der klassischen Auslegungsmethode dreifach: Nach dem Wortlaut, nach dem Sinn und nach dem Ziel.

Die grammatikalische Auslegung hilft wenig. Immerhin offenbart sie, daß es neben dem Ausatmen (recaka), Einatmen (pūraka) und Anhalten (kumbhaka) noch eine vierte Atemart (caturtha – abgeleitet von catur = vier) gibt. Dies wird von den Vertretern eines extensiven prāṇāyāma oftmals nicht genügend gewürdigt; sie arbeiten praktisch nur mit den drei Grundatmungsarten und erwarten, daß sich aus diesen Atmungsvariationen bereits der gewünschte meditative Zustand ergibt. So einfach liegt es indessen nicht.

Die interessenorientierte Auslegung zeigt, daß Patañjali in dieser Textstelle viel mehr sagen wollte, als es der äußere Anschein verrät. Sein Hinweis auf caturtha führt nämlich in die Problematik der Bewußtseinszustände. Deren gibt es nach alter, zum Beispiel in der Māṇḍūkya-Upaniṣad enthaltener Überlieferung, vier. Dort heißt es, der ātman sei vierfach: Wachend erkennt er nach außen (vaiṣvānara), im Traumschlaf erkennt er nach innen (taijasa), im Tiefschlag vereinigt er sich vorübergehend mit brahman (prajñā) und im vierten Stadium (caturtha) vollbringe er diese Vereinigung bewußt. Sieht man die auszulegende Textstelle vor diesem Hintergrund, so wird ihr Sinn plötzlich deutlich. Er liegt nicht etwa in der Aufzählung der drei Grundatmungsarten und ihrer Variationen; deren Erwähnung dient vielmehr dazu, die vierte Atmungsart zu beschreiben. Dazu bedient sich Patañjali souverän des Umkehrschlusses: Die vierte Art der Atmung fällt eben nicht mehr unter das dreiteilige Schema Ausatmen – Einatmen – Anhalten.

Auch die teleologische Auslegung bestätigt dies. Danach ist das Ziel des prāṇāyāma im Rahmen des achtgliedrigen Yoga-Weges allein in der Vorbereitung des meditativen Zustandes zu sehen, der in letzter Konsequenz zu samādhi, dem Aufgehen des ātman in brahman führt. Deshalb kommt es also beim Üben von prāṇāyāma, wenn man Pantañjali folgt, keineswegs auf die extensiven Atemtechniken an; entscheidend ist grade der von diesen Techniken nicht erfaßte und doch gezügelte Atemzug.

Wenn nach allem die für den Anfänger erfreuliche Feststellung zu treffen ist, daß er sich zur Erlernung der Yoga-Meditation vorher nicht in die komplizierte, autodidaktisch kaum zu erfassende Technik des extremen prāṇāyāma einzuarbeiten braucht, so bleibt doch eine Frage offen: Weshalb hat sich ein so überragender Logiker wie Patañjali nicht klarer ausgedrückt? Die Antwort ergibt sich aus den altindischen Denk- und Überlieferungsmethoden. Danach wurden Wissensgebiete gerne in abstrakten Leitsätzen (sūtra) zusammengefaßt; deren Interpretation erfolgte dann vor ausgewählten Schülern durch einen Weisen (ṛṣi). Dies mußte ganz besonders für ein Gebiet gelten, das, wie der Name Rāja-Yoga zeigt, ursprünglich den Königen unter den Menschen vorbehalten war.

Pratyāhāra. Ist das prāṇāyāma beendet, so gilt es zur Vorbereitung der eigentlichen Meditation auch noch die restlichen Bindungen des ātman an die Außenwelt zu lösen. Diese Bindungen beruhen auf den Wahrnehmungen der Sinne. Demnach ist es erforderlich, die Sinne zurückzuziehen. Dazu übt man pratyāhāra:

> Fersensitz beibehalten, Hände auf den Oberschenkeln, Haltung des Rückens und des Kopfes kontrollieren und gegebenenfalls korrigieren.
> Den Blick nach innen richten; von der Vorstellung her hinter den Augen im Geist (citta) einen Raum (ākāśa) wissen (vid); in diesen Raum hineinschauen.
> Nicht mehr nach außen hören, nur noch nach innen lau-

schen, gewissermaßen in den Raum hinter dem Trommelfell.

Den Geruchssinn einatmend langsam an den Innenwänden der Nase hochziehen und über der Nasenwurzel, etwa in Höhe der Augenbrauen, festhalten.

Das Innere des Mundes ausatmend völlig entspannen (Kiefer, Gaumen, Zunge); einen neutralen Geschmack entwikkeln.

Auf der gesamten Körperoberfläche den Eindruck entstehen lassen, daß die Haut mit all ihren Tastkörperchen nach innen fühlt; äußere Eindrücke (Druck der Unterschenkel auf den Boden, Aufliegen der Kleidung an der Haut) nicht mehr zur Kenntnis nehmen, statt dessen ein Gefühl der Leichtigkeit, des Schwebens entwickeln.

Das Denken in drei Phasen zur Ruhe bringen: Gedanken zwanglos kommen und gehen lassen; nur noch einen bestimmten Gedanken festhalten; jeden Gedanken ausklingen lassen.

Auch hierzu zwei Erläuterungen: Nach alter Yoga-Tradition gibt es neben den auch uns geläufigen fünf Sinnen noch einen sechsten Sinn, nämlich das Geistorgan (buddhi oder manas). Dieses wird wie die anderen Sinne rein stofflich aufgefaßt; demgemäß muß auch dieses Organ in die Pratyāhāra-Übung einbezogen werden. Dabei ist aber zu bedenken, daß zwischen dem Geistorgan und dem Geist (citta) ein Unterschied besteht: Das Geistorgan ist der stoffliche Träger des Geistes, der in seiner Ausdehnung keineswegs auf das Organ beschränkt ist. Diese Vorstellung ist zugegebenermaßen schwierig. Wenn man aber zum Beispiel daran denkt, daß blinde Menschen Hindernisse fühlen können, so dürfte klar werden, wie die Beziehung zwischen buddhi und citta aufzufassen ist.

Das Zurückziehen eines jeden Sinnes ist an sich bereits eine komplette meditative Übung, denn schon das Lösen eines einzigen Sinnes von der Außenwelt kann zum citta-vṛtti-nirodha, dem Zur-Ruhe-Kommen des Geistes, also zum Endziel des Yoga führen. Dies wird ganz besonders deutlich, wenn man sich die zur Beruhigung des Geistorgans empfohlene sechste Übung näher ansieht. Hier ist die Gedankenstille, also die Freiheit, nicht mehr denken zu müssen, anzustreben. Dieses hohe Ziel dürfte indessen für Anfänger im Rahmen der Vorbereitungsübungen noch unerreichbar sein. Deshalb wird man sich in diesem Stadium mit dem Langsamerwerden des Gedankenflusses zu begnügen haben.

Zusammenfassung. Die Yoga-Meditation bedarf eines festen äußeren und inneren Rahmens. Bei dem Wann, Wo und Wie der Meditation kommt es auf den Einzelfall an. In der Regel sollte man am frühen Morgen etwa 20 bis 30 Minuten für sich alleine üben; ergänzendes Meditieren in einer fachkundig geleiteten Gemeinschaft ist sehr zu empfehlen. Von der gesamten Übungszeit ist anfangs etwa die Hälfte der inneren Einstellung zu widmen. Diese wird durch Drehentspannung, yoga-mudrā, prāṇāyāma und pratyāhāra erreicht. Die Vorbereitungszeit kann später erheblich verkürzt werden, weil sich die richtige innere Einstellung bei konsequentem Bemühen immer schneller finden läßt. So reicht zum Beispiel für das Zurückziehen eines jeden Sinnes schließlich ein einziger Atemzug. Ein echter Yogi wird sogar ohne jede Vorbereitung auskommen; bei ihm führt bereits das Einnehmen des Meditationssitzes zur meditativen Einstellung.

4. Teil: Inhalte

Das Kernstück des achtgliedrigen Yoga-Weges bilden dhāraṇā (Konzentration), dhyāna (Versenkung) und samādhi (Erfüllung). Wenigen ausgewählten Menschen mag es gegeben sein, ohne besondere Vorbereitung in den Zustand des samādhi zu gelangen, ja sogar in ihm zu leben. Der Durchschnittsmensch muß, um sich diesem Ziel auch nur nähern zu können, den Weg über die Konzentration und die Versenkung gehen. Beide Begriffe sind ihrer Natur nach objektbezogen. Zwar ist es auch möglich, sich auf die Leere zu konzentrieren; auch ist es denkbar, sich im Nichts zu versenken. Dies wäre aber nicht yogagemäß, weil die Ziele der Yoga-Meditation im Glücksempfinden der reinen Harmonie liegen. Dies ist etwas anderes als das absolute Nichts einiger Weltanschauungen. Stehen demnach für den Yogi am Anfang der Meditation Objekte, so sind seiner Meditation zwangsläufig auch bestimmte Inhalte vorgegeben. Diese lassen sich in Gegenstände, Symbole, Gefühle und Abstraktionen gliedern; die Beherrschung dieser Meditationstechniken eröffnet dann den großen Yoga-Weg des sat-cit-ānanda, den Weg vom Sein über das bewußte Sein zum Glücklichsein.

Gegenständliche Meditation

Bei der gegenständlichen Meditation lassen sich zwei große Gruppen unterscheiden: Die Beschäftigung mit realen Objekten und mit imaginären Dingen. In jedem Falle hat man sich der Technik des geistigen Schauens zu bedienen (cit-ākāśa vidya), die schon im Zusammenhang mit dem Zurückziehen der Sinne angesprochen worden ist: Es gilt, den zu betrachtenden Gegenstand in den vom Geist (citta) erfüllten Raum (ākāśa) hinter der Stirn zu projizieren, also gleichsam auf einer inneren Leinwand abzubilden. Geschieht dies mit der gebührenden Konzentration, so wird sich das Wesen des Gegenstandes alsbald in der Versenkungsphase offenbaren und zum tiefen Erlebnis werden.

Unter den realen Dingen sollte man sich für die Meditation anfangs möglichst einfache Objekte wählen; diese müssen jedoch stets geeignet sein, eine positive Grundstimmung zu vermitteln. Dies mag von Fall zu Fall unterschiedlich sein. So wird die gleich darzustellende Übung der Kerzenschau in der Regel positive Wirkungen hervorrufen; hat jemand im Umgang mit Feuer jedoch unangenehme Dinge erleben müssen, so ist dieses Meditationsobjekt für ihn ungeeignet. Mit etwas Phantasie wird sich dann jedoch schnell ein Ersatzgegenstand finden lassen.

Reale Dinge: Kerzenflamme. Die Kerzenschau erfordert einen möglichst dunklen Übungsraum. Die mit langem Docht brennende Kerze sollte etwa zwei Meter vor dem Meditierenden auf der Erde stehen; zweckmäßigerweise wird sie bereits vor den Vorbereitungsübungen angezündet.

> Nach Beendigung von pratyāhāra die Augen langsam öffnen und mit ruhigem Blick fest auf die Kerzenflamme schauen.
> Den Blick etwa eine Minute lang ohne jedes Zucken der Lider auf die Flamme gerichtet lassen; dann langsam die Augen schließen.
> Im Cit-Ākāśa-Raum das Bild der Kerzenflamme entstehen lassen.
> Spüren, wie die Wärme der Kerzenflamme sich im Inneren des Kopfes ausbreitet.
> Versuchen, die Wärme im ganzen Körper zu spüren.
> Auftauchende Gedanken sind auf die Begriffe Wärme – Licht – Leben zu lenken.
> Nach etwa 10 Minuten die Augen langsam öffnen, in die Kerze schauen und wieder in die Wirklichkeit eintreten.

Bei dieser Übung ist anzumerken, daß es vielen Menschen nicht möglich ist, längere Zeit in eine Kerzenflamme zu schauen, sei es, daß der Blick unsicher wird, sei es, daß die Augen zu tränen beginnen. In derartigen Fällen schließt man die Augen alsbald, um sie gegebenenfalls dann noch einmal oder zweimal kurz zu öffnen, bis sich das äußere Bild der Flamme fest eingeprägt hat. Sieht man bei geschlossenen Augen die Kerzenflamme als dunkles Bild, so ist dies leider nicht ein Beweis für großes meditatives Können, sondern nur ein netzhautbedingter Reflex. Die Meditation spielt sich wirklich nur im Inneren ab.

Blüte. Als nächstes Meditationsobjekt sollte man eine Blüte wählen, weil auch sie Schönheit und Lebenskraft symbolisiert. Damit liegt auf der Hand, daß es sich nicht um eine abgeschnittene, also sterbende Blume handeln sollte. Wäre es denn überhaupt mit Yoga zu vereinbaren, um der eigenen Meditation willen ein anderes Lebewesen, und sei es auch nur eine Blume, zu schädigen?

Nach Beendigung der Vorbereitungsübungen den Blick fest auf die etwa zwei Meter entfernte Blume richten.
Einige Minuten lang aufmerksam und mit ruhigem Auge auf die Blüte schauen; schon jetzt versuchen, die Blüte auch im Cit-Ākāśa-Raum zu sehen; dann die Augen schließen.
Form, Farbe und Geruch der Blüte spüren.
Kommende Gedanken auf die Begriffe Schönheit – Natur – Leben lenken.
Langsam die Augen öffnen und in die Realität zurückkehren.

Diese kleine Übung kann erstaunliche Wechselwirkungen haben. Wem ist nicht bekannt, daß Blumen trotz korrekter Pflege manchmal nicht gedeihen wollen? Könnte es ihnen in diesen

Fällen vielleicht an der Zuneigung und Liebe fehlen, die nun einmal jedes Lebewesen benötigt, wenn es sich harmonisch entfalten soll? Die meditative Blumenschau wäre eine Möglichkeit, dies zu überprüfen und die eigene Ausstrahlungskraft zu messen.

Natur. Von der Blumenschau führt der Weg fast zwangsläufig zur Naturmeditation. Hier nun kommt es im wahrsten Sinne des Wortes auf die Umgebung an. Wer von der Enge unserer Zivilisation umgeben ist, sollte sich damit begnügen, die Natur in Gestalt von Blumen, einer merkwürdig geformten Wurzel oder eines auffallenden Steines in sein Zimmer hineinzuholen; wer die Weite der Landschaft vor sich hat, sei es am Meeresstrand oder im Gebirge, dem sei folgende Übung empfohlen:

> Nach den Vorübungen die Landschaft mit offenen Augen sehen, sie mit langsamem Blick von links nach rechts, von unten nach oben durchwandern.
> Die Augen schließen und die Landschaft vor dem geistigen Auge sehen.
> Weite, Erhabenheit und Freiheit empfinden.
> Die Augen öffnen und in die Natur zurückkehren.

Der Naturmeditation gebührt unter allen gegenständlichen Meditationsübungen ein besonderer Platz, und zwar in Ost und West. Kommt darin – im Sinne Rousseaus – die Sehnsucht des retour à la nature zum Ausdruck? Oder liegt die Erklärung in der von vielen Menschen vergessenen Tatsache begründet, daß auch wir letztlich nur ein Teil der Natur sind? Ob bewußt oder unterbewußt – das Erlebnis der Natur hat nicht nur die Yogis im Himalaya, sondern auch Dichter wie Goethe und Eichendorff beeindruckt und beeinflußt. Wer »Über allen Wipfeln ist Ruh« oder »O Täler weit o Höhen« gedichtet hat, der wußte viel vom meditativen Empfinden und von der meditativen Tiefenschau.

Imaginäre Dinge: Weg. Hat man einige Zeit mit realen Gegenständen meditiert, so führt der weitere Weg konsequenterweise zur Meditation imaginärer Dinge. Auch hier sollte man auf einen sorgfältigen, sich allmählich steigernden Aufbau achten.

Am einfachsten ist es, einen oftmals erlebten und durchlebten Ablauf zu meditieren, zum Beispiel, um an die Naturmeditation anzuknüpfen, einen bestimmten Weg.

> Nach den Vorbereitungen bleibt man mit geschlossenen Augen im Meditationssitz.
> Wenn man sich Ausgangspunkt und Ziel klargemacht hat, geht man seinen Weg im Geiste Schritt für Schritt, ruhig und ohne Hast.
> Bei jedem Schritt läßt man die zu dieser Stelle des Weges gehörenden Eindrücke vor dem geistigen Auge auftauchen und wieder verschwinden.
> Ist man nach etwa 10 Minuten am Ziel angekommen, öffnet man langsam die Augen und kehrt in die Wirklichkeit zurück.

Diese Meditationsübung ist von außerordentlichem Gewinn. Ihr Vorzug liegt einmal darin, daß sie trotz der über 10 Minuten aufzubringenden Imaginationskraft ausgesprochen einfach ist, weil es sich um einen schon bekannten Weg handelt; deshalb ist diese Übung sehr zu empfehlen, wenn man mit Kindern meditiert. Zum anderen ist diese Übung aber auch geeignet, schwierige Probleme zu lösen. Wer zum Beispiel nicht weiß, welchen Weg er zur Lösung einer wichtigen Frage einschlagen soll, der könnte durch diese Art der Meditation die richtige Entscheidung finden. Und schließlich kann die Weg-Meditation auch dazu helfen, einen unangenehmen Weg zu meistern. Wer sich dem bevorstehenden Weg konzentriert widmet und sich in die mit ihm verbundenen Probleme versenkt, wird oftmals ein tiefes Gefühl der Beruhigung verspüren: Ein erkannter Weg verliert seine Schrecken.

Landschaft. Von der Meditation eines Weges ist es nicht weit zur Meditation einer imaginären Landschaft. Insoweit wäre es aber nach der oben beschriebenen gegenständlichen Naturmeditation nichts Neues, wenn man sich zum Beispiel eine schöne Ferienlandschaft vorstellt. Deshalb sollte die etwas schwierigere Jahreszeiten-Meditation gewählt werden.

> Nach den Vorübungen stellt man sich eine Landschaft vor, die man schon einmal aus angenehmem Anlaß gesehen hat, vielleicht bei einem schönen Spaziergang; nehmen wir einmal an, es handelt sich um ein Kornfeld, dahinter ein Wald, darüber der Himmel.
> Zunächst wird diese Landschaft in herbstlicher Stimmung meditiert: Kahles Feld, buntgefärbtes Laub, grauer Himmel; Eindruck: Ruhe.
> Sodann die Winterlandschaft: Schneebedecktes Feld, dunkler Wald, blaßgrauer Himmel, Schneeflocken; Eindruck: Stille.
> Danach die Frühlingszeit: Sprießende Feldsaat, grünender Wald, blauer Himmel; Eindruck: Leben.
> Schließlich die Sommerlandschaft: Reifendes Korn, tiefgrüner Wald, hoher klarer Himmel, eine langsam ziehende weiße Wolke; Eindruck: Reife.

Hier bietet sich die Möglichkeit, die gegenständliche Meditation bereits behutsam mit der schwierigeren Meditation von Gefühlen zu verbinden. Dabei sollte die vorgeschlagene Reihenfolge der Jahreszeiten nicht ohne Grund verändert werden. Endet die Meditation entsprechend unserem Kalenderjahr mit der Winterzeit, so könnte allzuleicht eine melancholische Stimmung aufkommen.

Der Mensch als Meditationsobjekt: das Selbst. Auch der Mensch ist ein gegenständliches Wesen. Deshalb kann man ohne weiteres über seinen eigenen Körper meditieren, ja selbst über einen fremden.

Die Eigenmeditation geschieht durch konzentrierte Bewußtseinslenkung; dabei macht man gleichsam einen Spaziergang durch sich selbst. Dies geschieht in gemächlichem Tempo, etwa so schnell, wie man zum normalen Aussprechen der einzelnen, den Körperteilen zugeordneten Namen benötigt.

Zehen des rechten Fußes (1–2–3–4–5) – Ferse – Knöchel – Wade – Knie – Oberschenkel – rechte Hüfte – rechte Bauchseite – rechte Brustseite – rechte Achselhöhle.
Finger der rechten Hand (Daumen–Zeigefinger–Mittelfinger–Ringfinger–kleiner Finger) – Handfläche – Unterarm – Ellenbogen – Oberarm – rechte Schulter – rechte Seite des Rückens.
Zehen des linken Fußes (1–2–3–4–5) – Ferse – Knöchel – Wade – Knie – Oberschenkel – linke Hüfte – linke Bauchseite – linke Brustseite – linke Achselhöhle.
Finger der linken Hand (Daumen–Zeigefinger–Mittelfinger–Ringfinger–kleiner Finger) – Handfläche – Unterarm – Ellenbogen – Oberarm – linke Schulter – linke Seite des Rückens.
Kinn – Unterlippe – Oberlippe – Nasenspitze – rechte Wange – linke Wange – rechtes Ohr – linkes Ohr – rechter Augapfel – linker Augapfel – rechtes Augenlid – linkes Augenlid – rechte Augenbraue – linke Augenbraue – Stirn – Hinterkopf.
Das ganze rechte Bein – der ganze rechte Arm – das ganze linke Bein – der ganze linke Arm – Rumpf – Kopf – der ganze Körper.

Dieser mindestens sechsmal zu wiederholende Gang durch den Körper führt zu einem besonderen psychischen Zustand. Man spürt einerseits im Körper eine schlafähnliche Entspannung, andererseits ist der Geist hellwach. Deshalb trägt diese Übung auch den kennzeichnenden Namen yoga-nidrā, das heißt Yoga-Schlaf. Sie gelingt besonders gut, wenn die einzelnen Körperstellen während einer Gruppenmeditation vom Übungsleiter angesagt werden; macht man die Übung alleine, so hilft es anfangs sehr, wenn man sich die Übungsfolge auf Tonband spricht. Im Aufbau ähnelt yoga-nidrā der Drehentspannung, in ihrer Wirkung geht die Übung jedoch sehr viel weiter, weil sie den Geist für Eindrücke und Vorstellungen empfänglich macht. So kann man zum Beispiel vor Beginn der Übung einen Vorsatz fassen oder sich ein bestimmtes Ziel setzen; die Verwirklichung wird, wenn sich die Wünsche in normalem Rahmen halten, nicht lange auf sich warten lassen. Wie erklärt sich dieser für Außenstehende unverständliche Vorgang? Im Grunde recht einfach: Durch die Yoga-Meditation werden tiefe Kraftquellen erschlossen und besondere geistartige Kräfte freigesetzt.

Wird yoga-nidrā längere Zeit geübt, so tritt an die Stelle des vordergründigen Wünschens und Wollens in der Regel eine viel tiefergehende Frage, nämlich die Frage nach sich selbst: Wer bin ich? Diese Frage wird schon in den ältesten Yoga-Texten gestellt. So mag denn auch als Antwort aus einem dieser Texte zitiert werden, nämlich aus der Chāndogya-Upaniṣad. Dort stellt der suchende Śvetaketu diese Frage seinem Vater Uddālaka Āruṇi, einem berühmten Veda-Lehrer. Dieser erklärt seinem Sohn mit vielen Beispielen, daß eine Urwesenheit, nämlich das Ewig-Seiende, der Ursprung aller Dinge sei; der ātman sei ein Teil derselben: Tat tvam asi Śvetaketu – Und das bist du, o Śvetaketu!

. . . *der Andere.* Kann man sich selbst meditieren, so ist es vom Gegenständlichen her gesehen ebensogut möglich, das Wesen eines anderen Menschen zu meditieren, also seinen Körper und seinen Geist. Dies klingt fast anmaßend. Aber versetzen wir uns nicht manchmal in die Lage eines anderen Menschen, fühlen wir nicht oft mit anderen mit? Unter diesem Gesichtspunkt ist das meditative Erfassen eines anderen Menschen sicher nichts Ungewöhnliches.

Zunächst stellt man sich den anderen Menschen im Cit-Ākāśa-Raum vor, und zwar nach Größe, Figur und all den anderen Äußerlichkeiten.
Dann sieht man diesen Menschen in einer Tätigkeit; dabei vollzieht man diese Tätigkeit von der Vorstellung her selbst mit.
Nunmehr denkt man sich in die Gefühle hinein, die der andere bei dieser Tätigkeit empfindet; diese Gefühle teilt man.
Schließlich empfindet man keinen Unterschied mehr zwischen sich selbst und dem anderen – man lebt in ihm.

Im Yoga-Sūtra heißt es insoweit wie üblich kurz und knapp: Pratyasya para-citta-jñānam (wer die meditativen Kräfte auf Vorstellungen anwendet, erlangt Wissen von der Vorstellungskraft der anderen). Hervorzuheben ist das Sanskritwort para, denn es stellt den Bezug zu einer in unserem Kulturkreis noch recht jungen Wissenschaft her, der Parapsychologie. So läßt sich denn auch die Fähigkeit des Gedankenlesens leicht aus dem uralten Wissen der Inder um die meditativen Zusammenhänge erklären. Aber Yoga-Meditation allein zur Erlernung der Kunst des Gedankenlesens? Dies wäre doch ein recht ärmliches Vorhaben. So sollte denn auch die Meditation eines anderen Wesens nicht aus Neugier, sondern aus mitmenschlicher Zuwendung erfolgen, nicht zur Ausforschung, sondern zum Zweck des helfenden Verständnisses.

Zwischenergebnis. Die mit Hilfe des Cit-Ākāśa-Raumes durchgeführte gegenständliche Meditation ist der einfachste Weg, die Yoga-Meditation zu erlernen. Ihr Ziel ist erreicht, wenn der betrachtete Gegenstand und der Betrachter, also Objekt und Subjekt, eins werden. Trotz ihrer Einfachheit kann auch die gegenständliche Meditation große Kräfte freisetzen.

Meditation mit Symbolen

Die gegenständliche Meditation hat den Vorzug der Einfachheit; ihr Nachteil liegt darin, daß die Meditationsobjekte oft nicht klar genug erfaßt werden können, weil sie, wie alle Gegenstände, mit den Gefühlen des Betrachters behaftet sind. Will man diesen Nachteil meiden, so sollte man mit Symbolismen meditieren, das heißt mit Zeichen (maṇḍala) oder Lauten (mantra), die durch sich selbst wirken.

Maṇḍala und Cakra. Unter einem maṇḍala versteht man eine geometrische, zweidimensionale Figur. Diese kann aus einem einzigen Element bestehen:

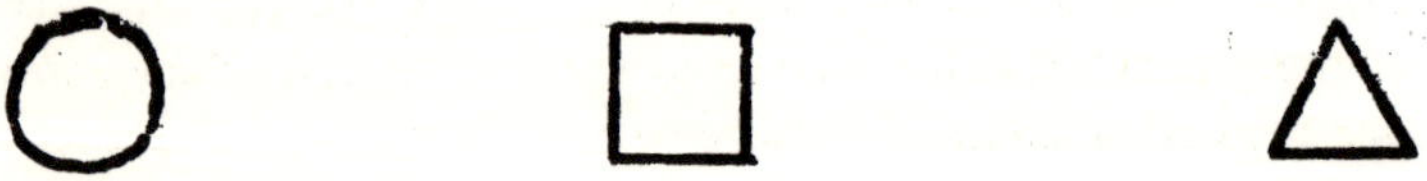

Sie kann sich auch aus mehreren Elementen zusammensetzen:

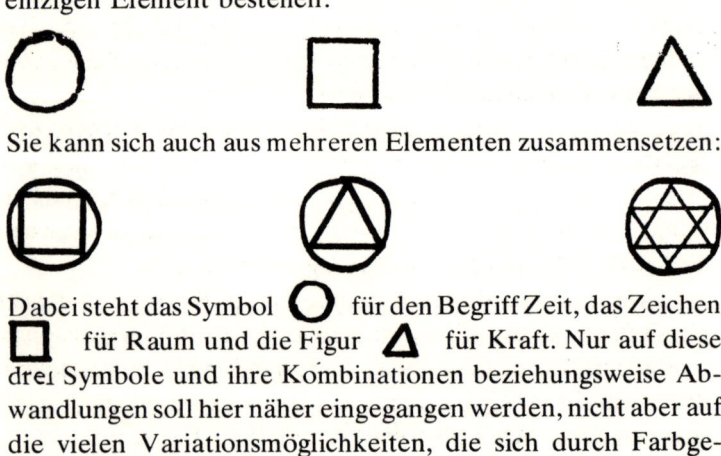

Dabei steht das Symbol ○ für den Begriff Zeit, das Zeichen □ für Raum und die Figur △ für Kraft. Nur auf diese drei Symbole und ihre Kombinationen beziehungsweise Abwandlungen soll hier näher eingegangen werden, nicht aber auf die vielen Variationsmöglichkeiten, die sich durch Farbgebung, Blütenornamente, Sanskrit-Buchstaben und Abbildungen von Gestalten und Tieren ergeben. Dies würde in eine spezielle Yoga-Richtung führen, nämlich in den tantrischen Yoga. Dieser ist zwar zwischen dem 8. und 12. Jahrhundert n. Chr. aus dem klassischen Yoga hervorgegangen, hat sich jedoch besonders im alten Tibet nach eigenen, zum Teil durch den Buddhismus beeinflußten Regeln weiterentwickelt. In seinem Mittelpunkt steht die bis in die Upaniṣad zurück zu verfolgende Lehre von den cakra. Über diesen Begriff muß allerdings auch hier einiges gesagt werden, weil die Meditation mit einem maṇḍala das Wissen um die cakra voraussetzt.

Lassen wir uns in dieses Wissen zunächst durch die Haṃsa-Upaniṣad einführen. Dort wird darüber berichtet, wie ein Schwan (haṃsa) durch die Welten irrt, weil er, wie es auch die Śvetāśvatara-Upaniṣad ausdrückt, »sein Selbst und den Beweger für getrennt hält«, das heißt, weil er die Bindung zum schöpferischen Urgrund verloren hat. Auf dieser Wanderung gelangt er von einer Stelle zur anderen, bis er, gleichsam wie in einem großen Kreislauf (cakra) zu brahman zurückfindet.

Die Interpretation dieses Textes fällt nicht schwer. Man erkennt sofort, daß haṃsa für ātman steht, daß also die zentrale Frage angesprochen wird, wie der suchende Mensch seine Beziehung zum Schöpfer, also zu seiner Existenzgrundlage, wieder herstellen kann. Hierzu lehren die Upaniṣad, daß dieser Weg durch sich selbst führt, durch verschiedene Körperpunkte, oder, im übertragenen Sinne, durch verschiedene Reifestadien. Jeder dieser Punkte ist ein cakra, also ein Kreislauf für sich, so wie sich eben nach indischer Auffassung im kleinsten Teil jederzeit auch das Größte widerspiegelt.

Cakra sind also Zentren im Inneren des Körpers, und zwar physische und psychische zugleich, gewissermaßen Schnittpunkte von Körper und Geist. Dazu muß man sich vorstellen, daß in unserem Körper nicht nur sicht- und meßbare Kräfte strömen (Blut, Atem, Nerven), sondern auch eine mit technischen Mitteln nicht mehr nachweisbare Energie (prāṇa), und zwar in einem ebenfalls nicht nachweisbaren Leitungssystem (nāḍī). Dies klingt zugegebenermaßen merkwürdig, ist aber eigentlich gar nicht so befremdlich, wenn man für prāṇa das Wort »Leben« setzt: Bemüht sich nicht gerade die moderne Biologie – vergeblich – um die Erklärung, weshalb denn nun die in allen ihren chemischen Funktionen inzwischen umfassend erforschte Zelle, das heißt der kleinste Baustein eines jeden Organismus, lebt? Akzeptieren wir einmal, daß dieses den ganzen Körper durchdringende Leben (prāṇa) von materieller Natur ist – wie sollte sich seine Wirkung, nämlich die Lebendigkeit, sonst erklären? –, so dürfte es auch für einen modern denkenden Menschen möglich sein, den jahrtausendealten indischen Begriff des prāṇa im Sinne der Lebenskraft zu bejahen. Unter diesen Voraussetzungen läßt sich das weitere schnell erläutern:

Die Prāṇa-Kraft durchströmt den Körper am wirkungsvollsten in der Senkrechten. Deshalb hält sich ein gesunder Mensch instinktiv aufrecht; daher sitzt man in der Meditation besonders gerade, so als wäre der Körper gewissermaßen zwischen Himmel und Erde eingespannt.

Die Prāṇa-Kraft durchfließt besonders intensiv den Wirbelsäulenbereich. Das liegt auf der Hand, weil sich dort alle wichtigen Energiestränge des Körpers befinden.

Die Prāṇa-Kraft läuft zwischen Wirbelsäulenende und Kopf in zwei großen Kanälen (naḍī); diese Leitungen kreuzen sich mehrfach. Auch dies erscheint verständlich, wenn man daran denkt, daß zum Beispiel die linke Hälfte des Gehirns für die Funktionen der rechten Körperseite zuständig ist und umgekehrt.

Zwischen den Kreuzungsbögen und an deren Enden liegen insgesamt sieben Energiepunkte (cakra). Stellt man dies zeichnerisch dar, so entsteht der Eindruck, daß sich eine Schlange an einem Stab emporwindet. Diese aufsteigende

Kraft (kuṇḍalinī) findet sich denn zum Beispiel auch als Heilkraft im Äskulap-Stab der westlichen Ärzte.

Von größter Bedeutung ist nunmehr das Wissen um die exakte Lage der sieben cakra. Hier muß man als Neuling zunächst den durch meditative Tiefenschau gewonnenen Erkenntnissen der alten Weisen vertrauen. Danach liegt das unterste cakra direkt am Ende der Wirbelsäule; wenn man sitzt, also am tiefsten Punkt des Rumpfes. Von dort her nimmt die aufsteigende Kraft ihren Ursprung (mūlādhāra cakra).

Etwa eine Handbreite darüber befindet sich der zweite Punkt. Er steuert die für das Funktionieren des Organismus so bedeutenden Ausscheidungsvorgänge (svādhiṣṭana cakra).

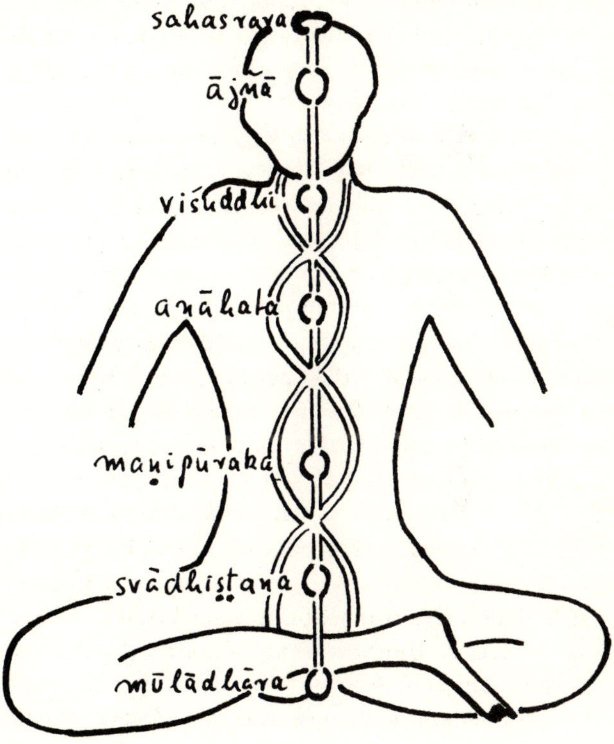

In Nabelhöhe liegt das dritte cakra; es beeinflußt die vom Solarplexus ausgehende Steuerung des vegetativen Nervensystems (maṇipūraka cakra).

In der Herzgegend ist das für den Bestand des Lebens wichtigste Energiezentrum, das Herz-Cakra (anāhata cakra).

Etwa in der Mitte des Halses, im Kehlkopf-Schilddrüsen-Bereich, liegt das fünfte Zentrum; von hier aus erfolgt die hormonale Steuerung der Lebensvorgänge (viśuddhi cakra).

Der nächste Energiepunkt befindet sich im Kopfinneren, etwa in Höhe der Stirnmitte. Seine überragende Bedeutung bedarf, wenn man an die Funktionen des Gehirns denkt, keiner näheren Darlegung (ājñā cakra).

Das siebente und letzte der klassischen cakra liegt im Scheitel, also im höchsten Punkt des sich aufrecht haltenden Menschen (sahasrara cakra). Hier ist die Beziehung zum ewigen Kraftquell am stärksten; deshalb verspürt man auch in der Meditation an dieser Stelle die beglückenden, mit Wörtern schwerlich beschreibbaren Empfindungen des Sichöffnens, Durchströmtwerdens und Aufstrahlens.

Die Beziehung zwischen maṇḍala und cakra liegt nun darin, daß jedem cakra ein bestimmtes maṇḍala zugeordnet ist. In diesem Sinne stellen die maṇḍala eine Art Meditationshilfe dar; ihre Meditation erleichtert den Zugang zu den cakra und ermöglicht mithin deren Beherrschung. Damit ist ein wesentlicher Punkt schon geklärt: Die maṇḍala dürfen nicht im Cit-Ākāśa-Raum meditiert werden; sie müssen vielmehr im jeweiligen cakra vorgestellt und empfunden werden. Insoweit könnte man im Gegensatz zu der beschriebenen Ganzkörpermeditation von einer Körper-Schwerpunkt-Meditation sprechen. Alle sieben Punkte sollen nunmehr mit Meditationsanleitungen angesprochen werden.

Mūlādhāra cakra. Nach den Vorbereitungsübungen gerade sitzen, das Becken ein ganz kleines Stück nach vorne neigen,

Haltung des Oberkörpers nicht verändern.

Konzentration auf den untersten Punkt des Rumpfes richten, von dort aus im Rahmen der Yoga-Atmung ausatmen und einatmen.

Einen quadratischen Raum empfinden: Grundlinie = Auflagefläche des Rumpfes, Oberkante = Verbindung der Beckenknochen, Seitenlinien = Projektionen der Beckenknochen auf die Grundlinie.

Den Atem in diesem Viereck leiten: Einatmend rechts hoch, mit angehaltener Luft waagerecht nach links, ausatmend links hinunter, ohne Luft unten waagerecht nach rechts.

Nach einigen Runden normal atmen, in mūlādhāra cakra Kraft empfinden, die sich nach oben entwickeln möchte.

Zu dieser Übung ist einiges anzumerken. Zunächst ist auf die leichte Neigung des Beckens hinzuweisen. Sie hilft, das mit dem Symbol des  verbundene Raumgefühl zu realisieren. Wichtig ist, daß von rechts nach links geatmet wird. Dieser Atemweg entspricht dem Verlauf und der Peristaltik des Dickdarms. Möchte man nebenbei auch verdauungsfördernde Wirkungen erzielen, so sollte man in der linken oberen Ecke des Vierecks noch eine kleine Atemschleife einfügen, weil der Darm dort eine schlingenförmige Auskrümmung aufweist, in der sich leicht Unbehagen verursachende Nahrungsreste stauen können; nicht selten ist diese Stauung sogar die Ursache für Herzbeklemmungen (Roemheld-Syndrom). Schließlich darf die Viereck-Atmung zeitlich nicht überzogen werden. Entscheidend für den Erfolg der Meditation dieses cakra ist, daß man mit einem Atemzug bequem den ganzen Raum umfühlt. Insofern unterscheidet sich diese Atemleitung von dem in Yoga-Kursen oft gelehrten prāṇāyāma in vier Zeiten, bei welchem die vier Atemphasen extensiv verlängert werden.

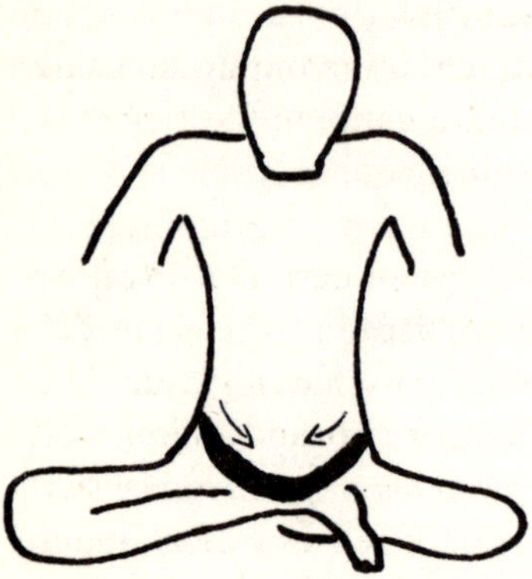

Svādhiṣṭana cakra. Aufrecht sitzen, das Becken wiederum ein klein wenig nach vorne neigen.
Konzentration auf die beiden Beckenknochen richten; von dort aus in der Vorstellung einen Halbkreis entwickeln, dessen unterster Punkt das Schambein berührt.
Den Atem in diesem Halbbogen lenken: Von links nach rechts, von rechts nach links, wie ein großes ruhig schwingendes Pendel.
Nach einigen Minuten normal atmen; das Gefühl des Durchfließens und Durchströmens entwickeln.

Maṇipūraka cakra. Nach den Vorübungen gerade sitzen, beim Einatmen im leicht vorgewölbten Bauchraum einen Kreis fühlen.
Konzentration auf die Mitte des Unterleibes richten, etwas über Nabelhöhe; von dort her ausatmen und einatmen.
Ein gleichseitiges Dreieck empfinden: Spitze im untersten Punkt des Rumpfes (mūlādhāra cakra), waagerechte

Begrenzung dicht unter dem Rippenansatz, etwa in Zwerchfellhöhe.
Den Atem von der unteren Spitze rechts schräg nach oben ziehen, mit angehaltener Luft waagerecht nach links führen, von dort schräg nach unten ausatmen.
Nach einigen Runden normal atmen, im maṇipūraka cakra Kraft empfinden, die aus mūlādhāra cakra aufgestiegen ist und sich nach oben entwickeln möchte.

Bei dieser Übung sind zwei maṇḍala kombiniert. Der  im Körperinneren soll als Zeitsymbol den Bezug zur ewigen Zeit darstellen, die sich nach fernöstlicher Anschauung ohne Unterscheidung von Vergangenheit, Gegenwart und Zukunft als ewig rollendes Rad (cakra) darstellt. Das  symbolisiert die Kraft, die sich besonders in der Mitte des Leibes manifestiert: Hier liegt gewissermaßen der Motor, der durch das vegetative Nervensystem alle Lebensvorgänge in Gang hält und steuert. Dies kann sogar ganz wörtlich aufgefaßt werden: Im tantrischen Yoga ist das maṇipūraka cakra unter anderem durch sogenannte śvastrika ausgeschmückt, das heißt durch sich kreuzende Kraftlinien:

Erinnert dieses Bild nicht an den erst in unserer Zeit entwickelten Kreiskolbenmotor? Hinzuweisen ist an dieser Stelle ebenso auf die Hara-Kraft, die im japanischen Buddhismus eine große Rolle spielt. Auch sie hat ihren Sitz in der Mitte des Leibes. Durch sie werden erstaunliche körperliche Leistungen möglich; darüber hinaus prägt sie die geistige Haltung. Hier liegen tiefe Bezugspunkte, die letztlich alle auf einen gemeinsamen Ursprung zurückführen.

Anāhata cakra. Gerade sitzen; beim Einatmen in der Wölbung des Brustkorbes einen großen Kreis entstehen lassen.

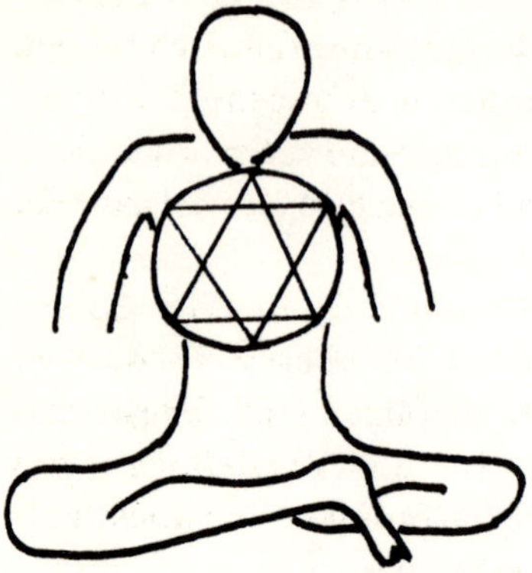

Konzentration auf maṇipūraka cakra richten; von dort ein gleichseitiges Dreieck entwickeln, dessen obere Ecken in Höhe der Schlüsselbeine liegen.

Konzentration auf die Halsgrube; von dort ein zweites gleichseitiges Dreieck entstehen lassen, dessen untere Ecken in Höhe des Zwerchfells liegen.

Im ersten Dreieck den Atem von maṇipūraka cakra einatmend nach rechts oben führen, anhaltend waagerecht nach links und ausatmend wieder hinunter; sodann, während das erste Dreieck schattenartig zurücktritt, das zweite Dreieck meditieren: Von rechts unten einatmend hinauf, ausatmend hinunter und ohne Luft waagerecht hinüber.

Nach einigen Runden normal atmen; in der Mitte des Brustkorbes die aus der Vereinigung entstehende Kraft spüren.

Die Meditation des Herz-Cakra ist der wichtigste Teil der gesamten maṇḍala-cakra Reihe. Dies ergibt sich aus der zentralen Lage des cakra und der überragenden Bedeutung des Herzens für das physische Leben. Hinzu kommt aber noch die große psychische Bedeutung: Nicht nur nach indischer Anschauung ist das Herz der Sitz der Gefühle. Entsprechend dieser Doppelbedeutung ist denn auch die Meditation dieses cakra nicht ganz einfach. Es bedarf schon eines gesteigerten Atembewußtseins und erheblicher Konzentrationskraft, um die beiden Dreiecke im steten Wechsel wirklich körperlich zu empfinden und darüber hinaus auch noch die Vorstellung zweier sich vereinigender Kräfte zu entwickeln. Hilfreich kann dabei sein, daß man sich das aufrecht zeigende △ als männliche und das abwärts weisende ▽ als weibliche Kraft vorstellt und bedenkt, daß die Verschmelzung dieser Urkräfte zum endlosen Leben führt. Von diesen Vorstellungen und Gedankengängen sind denn auch der gesamte tantrische Yoga und alle von makrokosmischen Ideen getragenen Weltanschauungen erfüllt. Auch darin zeigt sich die außerordentliche Fruchtbarkeit der in den Upaniṣad niedergelegten Gedanken.

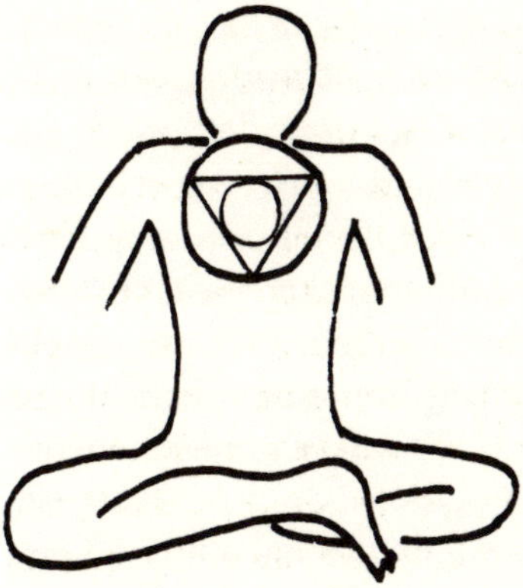

Viśuddhi cakra. Gerade sitzen; im Bereich zwischen Kinnspitze und Brustkorbmitte die Vorstellung eines kreisförmigen Raumes entwickeln.

In diesem Kreis ein mit der unteren Spitze in anāhata cakra wurzelndes Dreieck entstehen lassen; seine Umrisse in der schon beschriebenen Weise atmend fühlen.

Das Dreieck schattenhaft zurücktreten lassen und einem im Dreieck liegenden Kreis entwickeln; diesen Kreis mit jeweils einem vollständigen Atemzug meditieren.

Nach mehrfachem Wechsel zwischen Dreieck und Kreis normal atmen.

Ājñā cakra. Im Bereich des Kopfes einen kreisförmigen Raum entwickeln, in etwa dem Gesichtskreis entsprechend. In der Stirnmitte ein Dreieck meditieren: Die untere Ecke in Höhe der Nasenwurzel, die oberen Ecken in den Schläfen. Dieses Dreieck in gewohnter Weise mit dem Atem umfühlen, dabei das Dreieck mit jedem Atemzug kleiner werden lassen, bis es sich letztlich zu einem Punkt verdichtet.

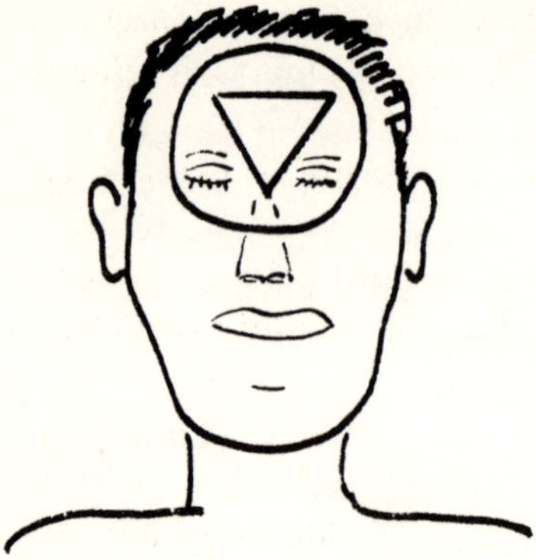

In diesem Punkt die gesamte geistige Kraft konzentrieren; sie ausatmend durch den Kopf strömen lassen.

Die Meditation des Stirn-Cakra ist relativ einfach, weil man gerade im Kopfbereich Strömungen und Empfindungen gut lenken kann. Deshalb fällt es auch Anfängern nicht allzu schwer, den mittleren Punkt (bindu) zu erfühlen. Dieser sollte allerdings nicht vordergründig auf der Haut der Stirn realisiert werden, sondern hinter der Stirn, etwa auf der gedachten Verbindungslinie der Schläfen. Von dort her gesehen ist nämlich der geistige Bezug besonders deutlich. So spricht man ja in diesem Sinne ganz allgemein von einem Konzentrationspunkt; der tantrische Yoga sieht dort sogar den Sitz eines dritten Auges. Wir jedoch wollen uns auch hier an den klassischen Yoga halten (Bindu-Upaniṣad) und zur Kenntnis nehmen, daß aus dieser Quelle, nämlich dem Cit-Ākāśa-Raum, das höhere Bewußtsein aufstrahlt.

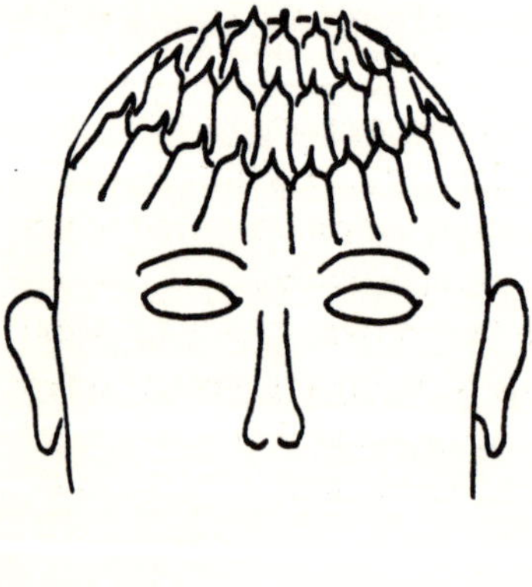

Sahasrara cakra. Gerade sitzen, gegebenenfalls die Haltung korrigieren.
Das Schädeldach als Blüte empfinden; die Blütenblätter sind geschlossen.
Einatmend die Lebenskraft (prāṇa) von mūlādhāra durch svādhiṣṭana, maṇipūraka, anāhata, viśuddhi

und ājñā bis zum Scheitel emporführen; ausatmend über den Kopf hinaus ausstrahlen, dabei das Gefühl einer sich öffnenden Blüte entwickeln.
Nach einigen dieser Atemführungen normal atmen und regungslos nachempfinden.
Zur Beendigung der maṇḍala-cakra Meditation die Lebenskraft ausatmend wieder behutsam nach mūlādhāra cakra zurückfließen lassen.

Die Meditation des Scheitel-Cakra ist der im wahrsten Sinne des Wortes krönende Abschluß dieser Meditationsreihe. Allerdings sollte man sich an diese zu Samādhi-Erlebnissen führenden Übungen erst heranwagen, wenn man gelernt hat, mit allen cakra zu arbeiten und den Kräftestrom wirklich fließen zu lassen. Es könnte sonst die Gefahr bestehen, daß man von übermächtigen, den Rückweg in die Normalität behindernden Gefühlen und Empfindungen übermannt wird. Diese Gefahr besteht insbesondere bei unausgeglichenen Menschen, die dem *Wollen* verhaftet sind, weil sie noch nicht gelernt haben, es *geschehen* zu lassen.

Mantra. Die zweite durch sich selbst wirkende Meditationshilfe ist das mantra. Darunter versteht man eine bestimmte Silbenfolge. Diese kann ganz kurz sein (OM), aus einem Wort bestehen (RĀMA), aber auch einen ganzen Satz bilden (OM MAṆI PADME HUM). Der Möglichkeiten sind unendlich viele; auf einen Sinn kommt es nicht immer an.

Zum Verständnis der körperlich-geistigen Wirkung eines mantra ist es nützlich, sich zunächst einmal die Empfindungen klarzumachen, die beim Sprechen von Vokalen und Konsonanten entstehen. So wird das mit lang ausströmendem Atem halblaut gesprochene O sofort als Schwingung im mittleren Brustraum gespürt werden; das U dagegen wirkt merklich auf den Unterleib. Etwas schwieriger ist es mit dem A. Mit einiger

Übung fühlt man es jedoch im oberen Brustraum, während das E im Halsbereich und das I unter dem Scheiteldach wirken. Leichter ist es dagegen wieder mit dem M: Dieses kann deutlich im Stirnbereich gespürt werden. Die Erklärung für diese auch der westlichen Atem- und Vokaltherapie wohl bekannten Vorgänge liegt in der verschiedenen Frequenz der von den Tönen ausgehenden Schallwellen und der unterschiedlichen Beschaffenheit der als Resonanzböden wirkenden Körperräume. Hinzu kommt noch eine Besonderheit: Die Wirkungen im Körperinneren treten auch ein, wenn man die Laute nur denkt.

Nach diesen Vorbemerkungen erscheint es fast selbstverständlich, daß die im Aufspüren feinster Regungen besonders geschulten Yogi auch das mantra in den großen Yoga-Weg der harmonischen Selbstentfaltung mit einbezogen haben. So finden sich schon in den Teilen der Veden, die vom Opferkult handeln, Anleitungen zum oftmaligen Wiederholen bestimmter, dem damaligen Denken der Menschen entsprechend mit Zauberkraft versehener Silben; in den späteren Upaniṣad, zum Beispiel in der Haṃsa-Upaniṣad, wird eine Art Murmel-Meditation gelehrt. Aus diesen Quellen hat sich im Laufe der Jahrhunderte eine spezielle Yoga-Richtung entwickelt, der Mantra-Yoga. Der Übersichtlichkeit wegen sollen hier nur zwei der klassisch überlieferten Mantra-Meditationen erörtert werden, nämlich die OM-Meditation und das »ajapa«; zum Schluß folgen dann noch Hinweise auf einige bekannte mantra.

Das mantra OM. Die OM-Meditation hat verschiedene Aspekte, nämlich einen körperlichen, einen geistigen und einen metaphysischen.

Die körperlichen Wirkungen des OM hängen sehr davon ab, wie man die Silbe ausspricht. Verfehlt wäre es, den Konsonanten zu betonen, also etwa OMMM zu sprechen. Richtig im Sinne der Sanskrit-Grammatik ist es vielmehr, daß O so zu dehnen, daß in etwa ein OHM entsteht; dabei ist es auch üblich, statt des klaren O ein etwas verschleiertes A-U zu sprechen, also A-U-M. Auf jeden Fall sollte, wenn die Silbe laut meditiert wird, der Mund für das O deutlich geöffnet und für das M wirklich geschlossen werden, weil sonst die Resonanzzonen nicht voll erschlossen werden. Sagt oder denkt man OM in dieser Weise, so treten körperliche Wirkungen im Herzbereich und im Kopfraum ein; es entsteht gewissermaßen eine schwingende Verbindung. Dieses uns schon aus dem prāṇāyāma bekannte Schwingen und Wiegen im Atemstrom löst Verkrampfungen, weitet die inneren Räume und gleicht im Körper vorhandene Spannungsunterschiede aus.

Die geistige Wirkung des OM liegt zunächst einmal darin, daß es das Aufkommen störender Gedanken verhindert: Wer unablässig OM spricht oder denkt, kann naturgemäß nicht anderen Gedanken nachhängen, insbesondere, wenn er dazu konzentriert auf die vom mantra ausgehenden Schwingungen im Körperinneren achtet. In diesem Sinne ist jedes mantra eine Art Schutzmauer, weil es den Menschen gegenüber allen störenden oder gar bedrohlichen Einflüssen abschirmt. Dieser Schutz gegen äußere Bedrohungen führt wiederum automatisch zu einer Steigerung der inneren Kräfte. So gibt das mantra demjenigen, der es mit Ausdauer benutzt, das Gefühl der Kraft und die Gewißheit, alle Lebenssituationen beherrschen zu können. Davon zeugen die Bekundungen vieler bedeutender Männer und Frauen des indischen Kulturkreises. So hat zum Beispiel der große Staatsmann Gandhi kein Hehl daraus gemacht, daß er manch schwierige Lage mit Hilfe eines mantra gemeistert hat.

Die geistige Wirkung des mantra OM reicht aber noch viel tiefer. Dazu sagt die Brahmabindu-Upaniṣad: »Der Geist ist unter Aufgabe aller Hinneigung zur Sinneswelt im Inneren zu zügeln; mit dem Vokallaut OM soll er den Yoga verbinden, ohne seinen Vokal das Höchste zustandebringen, durch den vokallosen Bestand Sein, nicht Nichtsein erstreben.« Wie ist dies zu verstehen? Yoga bedeutet wörtlich Joch im Sinne von Zügelung; diese zügelnde Beherrschung des Geistes erfolgt durch das mantra OM. Meditiert man nach einiger Zeit nur noch das M, so löst man die Verbindung von Herz und Kopf zugunsten der abstrakten Klarheit des Geistes. Dieser ist nun dem Höchsten, also brahman, aufgeschlossen. Diese Erkenntnis wiederum führt zum Verständnis des Sein, grenzt also die positive Existenz vom negativen Nichtsein ab und gibt so die Antwort auf die Grundfrage: Wer bin ich?

Bliebe noch die Frage offen, weshalb denn nun diese Brahma gewidmete Upaniṣad den Zusatz bindu trägt. Bindu heißt, wie schon erwähnt, Punkt. Dies kann man nun zweifach interpretieren. Einmal wird das M im Sanskrit in abgekürzter Schreibweise oft nur als Punkt dargestellt; statt ओम् = OM wird also ओं geschrieben. Aus diesem Schriftbild hat sich das heutige, inzwischen als Yoga-Symbol in aller Welt bekannte Zeichen ॐ entwickelt. Man kann aber auch daran denken, daß die Meditation des M auf ājñā cakra wirkt und, wie ebenfalls schon beschrieben, zu einer punktförmigen Konzentration in der Kopfmitte führt, also dort, wo der Geist der höchsten Erkenntnis geöffnet ist.

Zur Erklärung der metaphysischen Wirkungen des OM bedarf es einer kurzen Erläuterung der altindischen Elementenlehre. Diese ist in der Mahābhārata, einem der großen indischen Epen, besonders schön dargestellt, und zwar in der berühmten Unterredung zwischen dem Vater aller Geschöpfe Manu und dem weisen Seher Bṛhaspati (Erstfassung etwa 1000 v. Chr.). Dort wird zunächst gelehrt, daß sich der psychische Organismus aus dem Denkorgan (manas) und den fünf Körpersinnen zusammensetzt; letzteren werden sodann die fünf Elemente gegenübergestellt, nämlich das Feuer, der Wind, das Wasser, die Erde und der Äther. Dem indischen Harmonisierungsprinzip folgend mußte nunmehr auch eine Zuordnung vorgenommen werden. Danach wurde das Auge über das Sehen mit dem Feuer verbunden, die Haut über das Fühlen mit dem Wind, der Mund über das Schmecken mit dem Wasser, die Nase über das Riechen mit der Erde – und das Ohr über das Hören mit dem vom Äther als Urschwingung erfüllten Raum (ākāśa). Diese Urschwingung AUM entfaltet sich aufgrund der Erkenntnis, daß die Gesetze des großen Weltenraumes ebenso für die kleinen menschlichen Empfindungsräume gelten, nunmehr auch im Cit-Ākāśa-Raum hinter der Stirn, also im Sitz des Bewußtseins. Durch die Māṇḍūkya-Upaniṣad haben wir schon gehört, daß unser Bewußtsein vier Zustandsformen kennt, nämlich das Wachen, das Träumen, das Schlafen und die Meditation. Lassen wir uns nun durch die Yogatattva-Upaniṣad die Verbindung dieser Zustände mit der Urschwingung AUM zeigen. Dort heißt es einleitend, daß AUM den vier Bewußtseinszuständen entspricht, und zwar das A dem Wachen, das U dem Träumen und das M dem Schlaf; der vierte meditative Zustand werde durch die Pause (mora) dargestellt, die bis zum nächsten AUM eintritt. Daran schließt sich folgender poetischer Vergleich an:

Die Lotosblume, die einnimmt des Herzens Raum,
gesenkt den Kelch, hoch den Stiel,
niederwärts tauend, darin das manas hat den Sitz:
Beim A-Laut wird sie leuchtend,
beim U-Laut erschließt sie sich,
erklingt leise beim M-Laut,
regungslos ist der halbe Laut.
Dann, wie im Bergkristall etwa
sich abspiegelt der Sonne Licht,
scheint in die Seele beim Yoga
der höchste Geist, der beseelt.

Faßt man alle drei Aspekte des OM zusammen, so ist begreiflich, daß OM in Indien als heiliger Laut empfunden wird, als eine Art Weltformel; man drückt mit ihm alles aus, was man im Yoga sieht und was man durch ihn erreichen möchte.

Nach diesen Erläuterungen über das Wesen und die Bedeutung des OM braucht zu seiner Meditationstechnik nicht mehr viel gesagt zu werden:

Nach den Vorbereitungsübungen: In Yoga-Art einatmen und beim Ausatmen OM sagen oder denken; dabei dauert das Ausatmen entsprechend dem natürlichen Atemrhythmus doppelt solange wie das Einatmen.

Nach dem Ausatmen eine kleine Atempause einlegen und den Schwingungen nachfühlen; einatmen, wenn sich der Atemreflex einstellt.

Nach einigen Minuten beim Ausatmen mit geschlossenem Mund M sagen oder denken; die Konzentration auf die Mitte des Kopfes richten.

Nach einigen weiteren Minuten das mantra ausklingen lassen und in meditativem Zustand verharren; wenn sich störende Gedanken oder Empfindungen einstellen sollten, OM wieder aufnehmen.

Das mantra SO-HAM. Bei der Ajapa-Meditation kommt es darauf an, die Vibrationen der Silben SO HAM so lange im Atem zu meditieren, bis sie, vom Unterbewußtsein übernommen, unwillkürlich und unaufhörlich hervorgebracht werden. Auch diese Meditation ist uralt. Sie wird schon im Arthava-Veda (etwa 1250 v. Chr.) erwähnt; dort ist sie als sogenannte Murmel-Meditation noch Bestandteil der Opferordnung. Ausführlich wird ihr Ziel dann in der schon erwähnten Mahābhārata beschrieben, und zwar im zwölften Buch, der Mokṣadharma: »So erreicht der Yogi Befreiung; reines Selbst, frei von Gier, erhaben über Gegensätze, nicht mehr unter dem Zwang der Selbstsucht, nicht hochmütig und auch nicht untätig, ganz dem Werk hingegeben.« Und schließlich zeigt die Haṃsa-Upaniṣad in verschlüsselter Form, daß den Silben SO HAM auch ein metaphysischer Zug innewohnt: Saḥ heißt im Sanskrit er, aham bedeutet ich. Einem Lautwandelgesetz folgend, ergibt sich so'ham, das heißt: »Er ut ich« oder umgekehrt:

»Ich bin er« – so einfach kann also die Ātman-Brahman-Philosophie ausgedrückt werden.

Soweit zum Ziel. Entscheidend ist jedoch auch hier die technische Seite. Insoweit ist Voraussetzung, daß man die Yoga-Atmung möglichst perfekt beherrscht. Dann ergeben sich die folgenden sechs Stufen des ajapa fast von selbst:

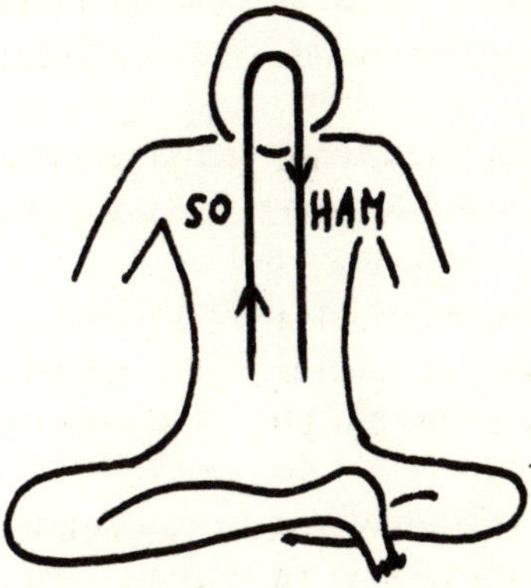

1) Ruhig sitzen. Einatmend den Atem von der Nabelgegend (maṇipūraka cakra) bis zur Stirn (ājñā cakra) emporführen; ausatmend den Atem von der Nasenwurzel zum Nabel fließen lassen. Einatmung und Ausatmung sind gleich lang.

Dem einströmenden Atem die gedachte Silbe SO hinzufügen; den ausströmenden Atem mit HAM verbinden. Die Silben entsprechend dem ruhigen Atemfluß nicht trennen; also SOHAM empfinden.

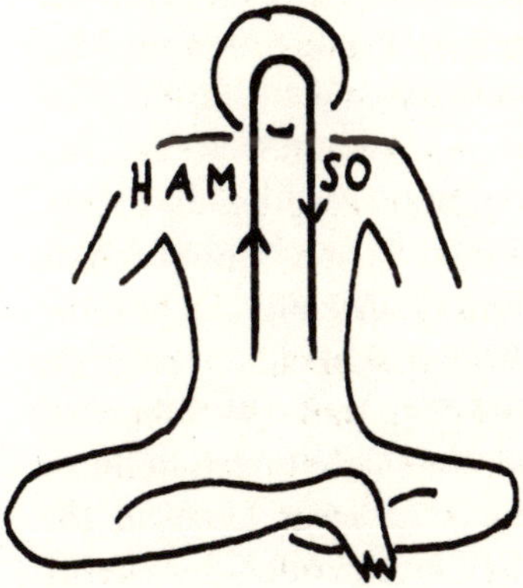

2) Nunmehr die Silben umkehren: Dem einströmenden Atem HAM, dem ausströmenden SO beifügen.

Beide Atemzüge bleiben gleich lang; die Silben sind ungetrennt, also HAMSO.

3) Die Silben wieder umkehren und diesmal trennen: SO verbindet sich mit dem einströmenden Atem, HAM mit der Ausatmung; dazwischen liegt eine kleine Atempause.

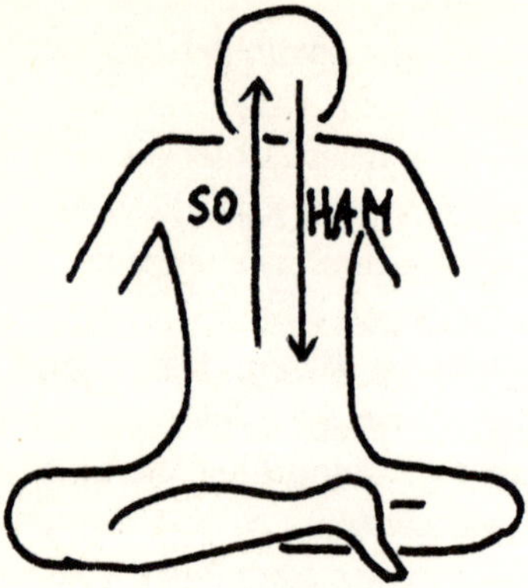

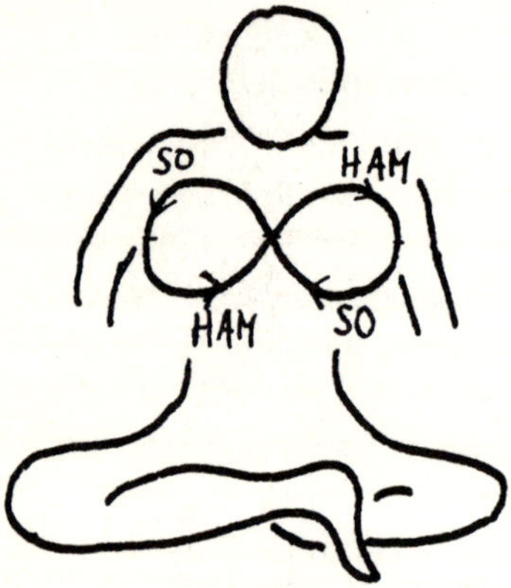

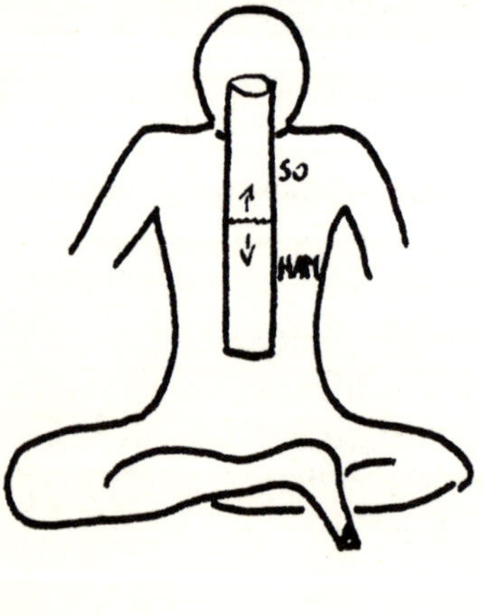

Einatmung und Ausatmung laufen gleich lang.

4) In der vierten Stufe verbinden sich die Atemvorgänge der ersten und zweiten Stufe zu einem unendlichen Doppelkreis: In der Mitte beginnend steigt SO im Halbkreis hinauf, HAM fließt im Halbkreis hinunter; der zweite Kreis schließt sich mit dem aufsteigenden HAM und dem absteigenden SO an. Auf diese Weise entsteht in Gestalt des SOHAM-HAMSO gleichsam ein unendliches mantra.

5) Nunmehr wird das Atembewußtsein im Wirbelsäulenkanal zwischen dem Beckenboden (mūlādhāra cakra) und der Stirn (ājñā cakra) hinauf und hinab geführt; dies kann man zur besseren körperlichen Realisierung mit der Vorstellung eines sich hebenden und senkenden Wasserspiegels verbinden. Aufsteigend tritt zum Atem SO hinzu, absteigend wird HAM empfunden; Einatmung und Ausatmung sind gleich lang.

In der sechsten Stufe ist die Atemlänge wieder normal,

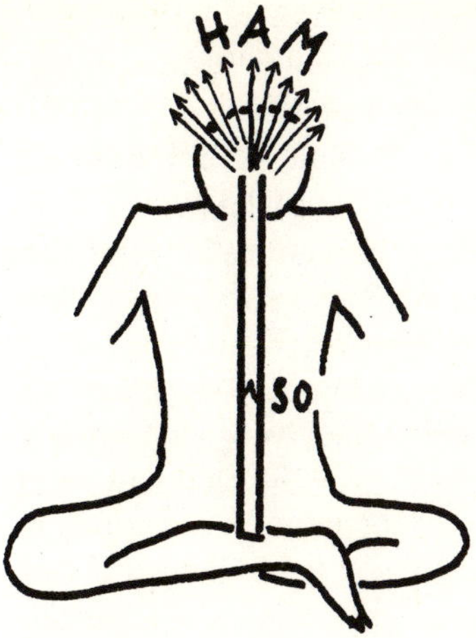

das heißt, die Ausatmung ist doppelt so lang wie die Einatmung; zwischen den Atemzügen wird eine kleine Pause eingelegt.

Beim Einatmen den Atem vom Beckenboden aus unter Beifügung des OM kraftvoll durch Rumpf und Kopf nach oben führen, ausatmend in Verbindung mit HAM über den Kopf hinaus ausströmen; dabei empfinden, daß sich das Schädeldach (sahasrara cakra) gleich einer Blüte nach oben öffnet.

Die Wirkung dieser Meditationsübung ist erstaunlich. Das darf indessen nicht verwundern, weil im ajapa gleich mehrere Meditationstechniken zusammengefaßt sind: Der Wiege-Atem, die Vokal-Atmung, die Cakra-Aktivierung und natürlich die Mantra-Meditation. Mit dieser Kombination ist es auch Anfängern möglich, relativ schnell zu Meditationserlebnissen zu gelangen, die sonst nur Fortgeschrittenen vorbehalten sind. Dazu bedarf es – nach der Erlernung der Yoga-Atmung – allerdings konsequenter Übung. So sollte zunächst nur die erste Stufe geübt werden; nach etwa einem Monat dann zusätzlich die zweite Stufe und so fort. Besonderes Gewicht ist auf die vierte Stufe zu legen: Durch die Atemführung in Form einer Lemniskate, dem mathematischen Zeichen für den Begriff »unendlich«, entsteht in der Kombination mit dem nicht endenden mantra ein tiefes Gefühl der Beruhigung und des Friedens. Dieser Abschnitt sollte demnach im gesamten Sechs-Stufen-Programm von der Zeit und der Intensität her besonders gründlich geübt werden. Bei der fünften Stufe darf man nicht ungeduldig werden, wenn sich das Heben und Senken nicht sogleich einstellen will. Hierfür bedarf es schon einiger Erfahrung. Für die sechste Stufe gibt es keine allgemein gültigen Regeln, weil hier der ganz individuelle Bereich des samādhi einsetzt. Deshalb wären auch Licht-, Farb- und Klangempfindungen insoweit nichts Ungewöhnliches. Kommt es zu derartigen Erlebnissen, so sollte man sich für die Rückkehr aus der Meditation viel Zeit lassen, damit die überwältigenden Empfindungen langsam wieder abgebaut werden können. So wäre es zum Beispiel möglich, den sechsstufigen Ajapa-Weg rückwärts zu gehen; in der Regel wird aber schon normales Atmen über einige Minuten hin ausreichen.

Die offenen mantra. Wer den Wunsch hat, nicht nur Silben wie OM und SO HAM zu meditieren, sondern ganze Wörter und Sätze, muß berücksichtigen, daß nicht jedes mantra für jeden Menschen paßt. Dazu sind schon Stimmlage und Resonanzräume zu unterschiedlich; hinzukommen mitunter individuelle Verspannungen und Verkrampfungen. So kann jemand ein mantra mit vielen O-Lauten als wohltuend empfinden, während ein anderer davon kaum angesprochen wird, weil sein Körper mehr des U-Lautes bedarf. Deshalb muß bei der Auswahl eines mantra mit großer Sorgfalt vorgegangen werden; oft ist insoweit Beratung unumgänglich, weil es in der Natur des Menschen liegt, sich bezüglich seines körperlichen und geistigen Zustandes Illusionen hinzugeben. Sollte indessen auch ein auf diese Weise zugeteiltes mantra statt Beruhigung Unbehagen erwecken, so muß es aufgegeben werden: Der Schaden wäre größer als die nach langer Quälerei vielleicht doch noch erfolgte Anpassung.

Neben den individuellen mantra gibt es nun aber auch eine ganze Reihe offener mantra, deren Übung wegen ihrer ausgefeilten Lautkombinationen für jedermann unschädlich ist. An erster Stelle ist insoweit das große tibetische mantra OM

MAṆI PADME HUM zu nennen: Es enthält alle Vokale, verschiedene M-Variationen und gibt darüber hinaus noch einen für jedermann akzeptablen Sinn. Wörtlich übersetzt heißt es: O Kleinod im Lotos; im übertragenen Sinne sind allerdings viel tiefere Deutungen möglich. Dazu mag man sich der Bedeutung des OM und der großen Rolle erinnern, die die Lotosblüte im tantrischen Yoga spielt.

Bekannt ist auch das mantra RĀM RĀMAYA NAMAH. Hier dominiert der A-Vokal in Kombination mit verschiedenen R-Lauten. Der Sinn dieses mantra liegt unter anderem in der Verehrung des Rāma, eines indischen Gottes. Dies muß westliche Menschen nicht unbedingt abschrecken. Die indische Götterwelt ist bunt und vielschichtig, ähnlich wie die altgriechische. So gibt es neben dem großen Dreigestirn Brahma (als unpersönlicher Weltgeist), Śiva (als Weltveränderer) und Viṣṇu (als Weltbewahrer) eine große Zahl von Naturgöttern, so zum Beispiel Agni (den Gott des Feuers) oder Vāyu (den Gott des Windes); darüber hinaus aber wurden auch bedeutende Menschen durch die Geschichtsbildung später in den Stand eines Gottes gehoben. Zu dieser Kategorie zählt Rāma. Mit seiner Person verbindet sich eine der schönsten Erzählungen über Liebe, Treue und Heldentum, die die Weltliteratur kennt, nämlich das der Mahābhārata an epischer Dichte und Aussagekraft gleichzusetzende Rāmāyaṇa des Vālmīki (etwa 400 v. Chr.). In diesem Sinne braucht man in dem Rāma gewidmeten mantra also nichts befremdlich Religiöses zu sehen.

Ähnlich liegt es mit dem HARE KṚṢṆA und seinen vielen Abwandlungen. Auch Kṛṣṇa war, ehe er in den Götterstand einging, ein Mensch. Seine Geschichte wird in der Bhagavadgītā erzählt, einem Abschnitt der Mahābhārata. Dort erteilt Kṛṣṇa in Gestalt eines Kampfwagenlenkers dem vor einer Schlacht zögernden Fürsten Arjuna Ratschläge. Diese gehen nun aber weit über den vordergründigen Kampf hinaus; sie führen in die Urprobleme der menschlichen Existenz, ihrer

Behauptung und ihrer Verwirklichung. Dazu erläutert Kṛṣṇa dem Arjuna in klaren und doch von poetischer Kraft erfüllten Worten den Yoga-Weg, und zwar auf der Grundlage von dharma (Pflicht) und karma (gestaltetes Schicksal). Dies hat die Bhagavadgītā zu einer der berühmtesten Dichtungen und zum hohen Lied des Yoga gemacht.

Schließlich eignen sich auch einige Upaniṣad-Stellen als mantra. So lautet der Hauptsatz der dem Rāma gewidmeten Rāmarahasya-Upaniṣad: RĀMA EVA PARAM BRAHMA, RĀMA EVA PARAM TATTVAM, ŚRĪRĀMO BRAHMA TĀRAKAM, zu deutsch: Rāma ist wirklich der Höchste über uns, Rāma ist wirklich der Höchste unter uns, Rāma ist gelobt als Brahma, der Retter. – Schön in Sprache und Rhythmik ist besonders der Anfang der Iśā-Upaniṣad: PURNAM ADAH PURNAM IDAH PURNĀT PURNAM UDASYATE, PURNASYA PURNAM ĀDĀYA PURNAM EVĀ VASIŚYATE. Das heißt in etwa: Fülle ist hier. Fülle ist dort, Fülle entsteht aus der Fülle; nimmt man aus Fülle Fülle, so bleibt dennoch Fülle. Das kann man wörtlich auffassen, indem man zum Beispiel an das Meer denkt: Schöpft man eine Handvoll Wasser, so bedeutet es für die Unendlichkeit des Meeres nichts. Im übertragenen Sinne wird mit diesem Gleichnis aber wie bei fast allen Upaniṣad die Brahman-Ātman-Beziehung angesprochen: Brahman verliert seine unendliche Schöpfungskraft auch dann nicht, wenn aus ihm unzählige Individuen hervorgehen.

Zwischenergebnis. Die Meditation mit Symbolen ist eine außerordentliche Hilfe auf dem Weg zu höheren Meditationsstufen. Sie bedingt, daß man sich mit der altindischen Überlieferung beschäftigt und daß man diese wenigstens teilweise auch innerlich akzeptiert. Trotz ihrer großen, Anfänger zur Vorsicht gemahnenden Wirksamkeit ist die Symbol-Meditation aber letztlich doch nur eine Durchgangsstufe auf dem großen Yoga-Weg. Dies gilt nach der Amṛtananda-Upaniṣad selbst für das heilige OM: »Der OM-Laut ist ein Wagen; man benutzt ihn, solange man sich auf der Straße befindet, dann verläßt man ihn und läuft.«

Meditation von Gefühlen

Hat man über die gegenständliche Meditation und die Meditation mit Symbolen eine solide Meditationstechnik erlangt, so kann man sich an die Meditation von körperlichen und geistigen Empfindungen heranwagen. Diese haben zwar auch schon bei der gegenständlichen Meditation eine Rolle gespielt, zum Beispiel bei der Naturmeditation. Dort übten sie aber nur eine begleitende Funktion aus. Nunmehr treten sie in den Mittelpunkt der Meditation.

Körpergefühle hängen normalerweise von äußeren Umständen ab. So fühlt man sich von der Sonne gewärmt, ein warmes Bad macht alles durchlässig, besondere Glückssituationen vermitteln das Gefühl, über allem zu schweben. Dies alles kann indessen auch ohne die äußeren Gegebenheiten empfunden werden.

Körpergefühle: Wärme. Die Körperwärme hängt vom Stoffwechsel ab, das heißt von der Verarbeitung der Nahrung. Dieser Vorgang wird weitgehend vom vegetativen Nervensystem gesteuert. Dessen Zentrale kann man sich etwa in der Nabelgegend vorstellen (maṇipūraka cakra). Will man auf die Wärmeregulation Einfluß nehmen, so muß man also die meditativen Kräfte auf diese Stelle lenken, denn dadurch entsteht, wie es Patañjali ausdrückt, »Wissen vom Organismus des Körpers«.

Nach den Vorbereitungsübungen die Hände ineinanderlegen, die rechte Hand über der linken (dhyāna mudrā).

Den Kopf leicht neigen und mit geschlossenen Augen auf die Nabelgegend schauen; dabei die Vorstellung entwickeln, daß die Augen wie eine Sonne Wärme ausstrahlen.
Die in der Nabelgegend alsbald zu spürende Wärme ausstrahlen lassen, so als würde in maṇipūraka cakra eine Sonne leuchten.

Diese recht einfache Übung führt in der Regel zunächst zum Warmwerden der Hände. Darin kommt ein sehr feiner Körpermechanismus zum Ausdruck: Ängstliche Verkrampfung läßt die Hände erkalten, warme Hände zeugen von entspanntem Wohlbefinden. Mit etwas Übung wird diese Wärme alsbald auch in der Nabelgegend zu realisieren sein. Ist dies der Fall, so fällt es nicht mehr schwer, die Wärme von dort aus in den ganzen Körper strahlen zu lassen; dabei kann die Vorstellung helfen, daß die Nabelgegend in unserem Sprachgebrauch sehr anschaulich als Sonnengeflecht bezeichnet wird. Ebenso kann zur Unterstützung der Wärmestrahlung erwogen werden, daß nach der Yoga-Lehre auch in der Luft Nahrung enthalten ist, nämlich prāṇa. Dieses wird dann von der Vorstellung her einatmend in maṇipūraka cakra konzentriert; ausatmend verteilt es sich in Form von Wärme im ganzen Körper. Zu welcher Perfektion man es in dieser Übung bringen kann, geht aus den Berichten mancher Indien-Reisender hervor, die Gelegenheit hatten, im Himalaya lebende Yogi beim Baden in eisigen Gletscherseen und anschließendem bewegungslosen »Warmdampfen« zu beobachten.

Durchlässigkeit. Beherrscht man die Wärmemeditation, so ist es nicht schwer, den Körper auf meditativem Wege durchlässig zu machen.

Im Meditationssitz verharren, eine spezielle Haltung der Hände ist nicht erforderlich.

Konzentration auf die Herzgegend richten (anāhata cakra); den Pulsschlag wahrnehmen.
Konzentration nacheinander auf die Nabelgegend, die Leistenbeugen, die Handgelenke, die Waden und die Schläfengegend richten; an diesen Stellen jeweils den Pulsschlag spüren.
Konzentration auf den ganzen Körper: Den Pulsschlag an möglichst vielen Stellen gleichzeitig spüren; dabei die Vorstellung entwickeln, daß alles durchströmt ist.
Den Pulsschlag vergessen und vom Empfinden her ein feines Leitungsnetz (nāḍī) spüren, in welchem die gesamte Lebenskraft (prāṇa) unaufhörlich fließt.

Diese Übung ist schon etwas schwieriger. Die Konzentration auf den Herzschlag ist für Anfänger manchmal etwas unbehaglich; vielleicht aus dem Gefühl heraus, daß das dergestalt kontrollierte Herz plötzlich nicht weiterschlagen könnte. Diese Befürchtung ist natürlich grundlos. Die Empfindung des Herzschlages führt vielmehr nach einiger Zeit zum umgekehrten Ergebnis, nämlich zur Beruhigung und zu der sich aus jeder Kontrolle ergebenden Sicherheit. Damit sollte man es dann allerdings auch bewenden lassen. Zwar ist es in der Tat möglich, den Herzschlag vom Willen her zu beeinflussen; insoweit ist durch ärztliche Kontrollberichte belegt, daß Yogi in tiefster Meditation über längere Zeit mit außerordentlich wenigen Herzschlägen auskommen. Diese Übungen gehören aber bereits in den Bereich des Fakirismus. Wer sich stundenlang lebendig begraben läßt, verdient sicher Respekt, weil er seinen Körper in einer für normale Menschen unvorstellbaren Weise beherrscht; ob er sich damit aber den hohen Zielen des Yoga auch nur ein kleines Stück nähert, muß bezweifelt werden. So sollte man es auch bei der Durchlässigkeitsmeditation mit Patañjali halten: »Wer den Lebensstrom bewältigt, der den ganzen Körper durchdringt, erreicht Verklärung.«

Schweben. Von der Durchlässigkeit führt der Weg weiter zur Empfindung des Schwebens, einem Zustand, der wohl jedem Meditierenden bekannt ist. Hierzu die folgenden Hinweise:

> Nach den Vorbereitungsübungen im Meditationssitz verharren; die Hände liegen mit den Handflächen entspannt auf den Oberschenkeln oder Knien.
> Den Tastsinn zurückziehen (pratyāhāra), das heißt, mit der gesamten Körperoberfläche nicht mehr nach außen, sondern nur noch nach innen fühlen.
> Bei jeder Einatmung vorstellen, daß sich die Hände ein kleines Stück heben; ausatmend den jeweiligen Stand der Hände fixieren, bis sich Hände und Arme von der Vorstellung her hoch über dem Kopf befinden.
> Einatmend den Körper von seiner Auflagefläche her (Unterschenkel und Gesäß) jeweils ein Stück den Händen folgen lassen; ausatmend den Stand fixieren.
> Empfinden, wie der Körper immer leichter wird, so als würde er von der Luft getragen.
> Nach einiger Zeit bei jeder Ausatmung die Hände etwas sinken lassen; der Körper folgt. Schließlich wieder festen Kontakt zum Untergrund nehmen und das Schwebeempfinden ausklingen lassen.

Wird die Schwebemeditation konsequent geübt, so führt sie mit ziemlicher Sicherheit zum Empfinden der Levitation, des Sich-Hebens. Daran können sich je nach Intensität der Übung und Ausbildungsstand des Übenden noch viel weitergehende Eindrücke anschließen. Übt man in einem geschlossenen Raum, so kann das anfangs befremdliche Gefühl aufkommen, unter der Zimmerdecke zu hängen; übt man im Freien, so meint man, wie ein Vogel hoch in der Luft zu schweben. Dieses Empfinden beschreibt Patañjali recht anschaulich in seinem Yoga-Sūtra: »Durch Anwendung der meditativen Kräfte auf die Verbindung von Körper und Äther und durch das Eingehen in den Zustand leichter Baumwolle gewinnt der Yogi die Fähigkeit, im Äther zu wandeln.«

Geistige Empfindungen: Klarheit. Bei der Meditation geistiger Empfindungen spielt der Körper nur noch eine untergeordnete Rolle. Demzufolge verlassen wir nun den Bereich der objektbehafteten Meditation und treten in höhere Meditationsstufen ein. Dabei wollen wir uns drei von der Yoga-Lehre besonders hervorgehobenen Begriffen zuwenden, nämlich der Klarheit, der Liebe und dem Frieden. Aus dem Wesen dieser körperlosen Begriffe folgt, daß die Meditationsanweisungen nunmehr spärlicher werden müssen. Deshalb soll jeder der drei Meditationen eine ihrem geistigen Inhalt entsprechende mudrā vorangestellt werden; den weiteren Meditationsweg muß der Meditierende anhand der ihm zur Verfügung stehenden Möglichkeiten dann im wesentlichen selbst gestalten.

Will man das Klarheitsempfinden meditieren, so muß man sich von der Vorstellung freimachen, daß Geist und Körper eine unlösbare Einheit bilden. Dem Ātman-Brahman-Prinzip folgend ist vielmehr davon auszugehen, daß der Körper dem Geist nur zum zeitweiligen Aufenthalt dient, weil der Geist im Gegensatz zum Körper als Teil des brahman unvergänglich ist. Das ist, wenn man diesen Gedankengängen nicht aus Prinzip ablehnend gegenübersteht, leicht zu beweisen. Wir Menschen können durch unseren Geist auch außerhalb unseres Körpers wirken, ja sogar über unseren Körpertod hinaus. So lebt die geistige Haltung der Eltern in ihren Kindern fort; große Denker der Vergangenheit beeinflussen mit ihren Lebens-, Religions- oder Staatstheorien unsere Gegenwart. Wer möchte, wenn man zum Beispiel an die großen Religionsstifter denkt, leugnen, daß ihr Geist im wahrsten Sinne des Wortes noch lebendig ist?

Bejaht man die Unvergänglichkeit des menschlichen Geistes, so ist als zweite Hauptfrage das Problem zu lösen, weshalb der Geist leider nur recht selten von absoluter Klarheit erhellt ist. Die altindische Māyā-Philosophie sieht die Ursache dafür in der äußeren Welt: Diese ist nicht die von der Schöpfung gewollte Realität, sondern eine Illusion, ja sogar eine Täuschung (māyā), weil der Mensch seine Umwelt nicht so sieht, wie sie ist, sondern so, wie er sie haben möchte. Damit ist der Weg zur Klarheit des Geistes aufgezeigt: Es gilt, wie Patañjali sagt, die äußere Welt (māyā) zu überwinden und dadurch die Hülle wegzuziehen, die den Geist (cit) verdunkelt. In diese Empfindungen soll uns khecarī mudrā einführen:

Nach den Vorbereitungsübungen regungslos sitzen; besonders auf die Balance des Kopfes achten.
Die Zungenspitze nach oben drehen und am Dach der Mundhöhle entlang möglichst weit nach hinten schieben; mit geschlossenen Augen auf den Punkt zwischen den Augenbrauen schauen (ājñā cakra).
Im Raum hinter der Stirn (ākāśa) Kühle und Klarheit entstehen lassen; diese Klarheit über den Körper hinaus ausdehnen, alles mit ihr durchdringen.

Liebe. Die Empfindung der alle Wesen umfassenden Liebe (bhakti) ist im Yoga tief verwurzelt. Schon die Śvetāśvatara-Upaniṣad und die Bhagavadgītā sprechen von ihr; Patañjali meint, wenn er īśvara-praṇidhāna, nämlich Hingabe an den Schöpfer, als Yoga-Weg erwähnt, nichts anderes: Aus der sich hingebenden Liebe zum Schöpfer ergibt sich die liebevolle Haltung zur gesamten Schöpfung, also zur belebten und unbelebten Natur. Dies darf aber nicht mit einer Religion verwechselt werden. Im klassischen Bhakti-Yoga geht es nicht um Gebet und Erlösung, sondern um liebevolle Zuwendung und selbstlose Hilfsbereitschaft, getragen von der Erkenntnis, daß Harmonie nur erreicht werden kann, wenn alles Unharmonische auf sanfte Weise ausgeglichen wird – Gewalt würde doch nur Gewalt erzeugen. Welche Kraft in dieser Lebensweisheit enthalten ist, zeigt die indische Geschichte. Indien ist wie kaum ein anderes Land immer wieder von fremden Völkern überrannt, erobert und unterworfen worden. Aber alle Eindringlinge, seien es Indogermanen, Perser, Griechen, Skythen, Araber, Türken, Mongolen oder Westeuropäer, mußten erleben, daß ihre Weltanschauungen in der Elastizität des indischen Glaubens aufgingen.

Will man den Begriff der allumfassenden Liebe meditieren, so bietet sich dafür śaṃbhavi mudrā als einführende Übung an:

> Nach den Vorbereitungen auf das vollkommene Gleichgewicht des Rumpfes achten, den Kopf leicht neigen.
> Die Augen einen Spalt öffnen und mit gesenkten Lidern auf die Mitte der Brust schauen (anāhata cakra); dort das Gefühl der liebevollen Zuneigung entstehen lassen.
> Den Kopf heben, die Augen etwas weiter öffnen und mit ruhigem unbeweglichem Blick in die Weite schauen, durch Personen und Gegenstände hindurch.
> Die aus anāhata cakra aufsteigende Liebe durch den Blick der Augen in alles und durch alles strömen lassen, bis man das befreiende, glücklich machende Gefühl gewinnt, durch die eigene Liebe alle Hindernisse, Widerstände oder Feindseligkeiten aufgelöst zu haben.

Frieden. Von der Meditation mit dem Begriff der allumfassenden Liebe führt der weitere Weg fast zwangsläufig zur Meditation des Friedens. Damit ist nicht der äußere, in der Freiheit vom Daseinskampf bestehende Zustand gemeint, sondern der innere, in der furchtlosen Freiheit des Geistes liegende Friede (śānti). Da diese Empfindung bei allen Menschen ohne Unterschied von Ost und West gleich ist, bedarf es keiner weiteren

Ausführungen. Die mudrā, die in diesen Empfindungsbereich am schönsten hineinführt, heißt śānti mudrā.

Nach den Vorbereitungsübungen die Hände im Schoß übereinanderlegen (dhyāna mudrā).
Einatmend die Hände dem Luftstrom folgend wie eine Schale heben, in Kopfhöhe die Hände umdrehen, weiter hebend die Hände über dem Kopf bei angehaltenem Atem öffnen und mit leicht gebeugten Ellenbogen seitlich schräg nach oben strecken; die Handflächen zeigen jetzt wieder nach oben.
Ausatmend die Hände mit aneinander gelegten Handflächen nach unten führen, den Oberkörper neigen, Hände und Kopf auf den Boden stützen.
Aufrichten zum Meditationssitz und nach zweimaligem Wiederholen der mudrā den inneren Frieden meditativ empfinden.
Zum Ausklang der Meditation śānti mudrā dreimal wiederholen.

Dazu noch einige Anmerkungen: Die Aussagekraft der mudrā wird durch die Führung der Hände bedingt. Dabei kann man vier Abschnitte unterscheiden. Im ersten Teil heben die Hände die in mulādhāra cakra ruhende Kraft durch alle cakra empor; im zweiten Akt strecken sich die Hände den positiven Kräften über uns aufnahmebereit entgegen; im dritten Abschnitt lenken die Hände die neu empfangene Kraft dankend zur Erde; im vierten Teil richtet sich der Körper von neuer, in den Händen bewahrter Kraft erfüllt wieder auf. Verbindet man die mudrā mit diesen Empfindungen, so ist klar, daß der Position, in der die Hände nach oben gestreckt sind, der höchste Aussagewert beizumessen ist. Dies gilt übrigens auch, wenn man die mudrā von der Atemführung her aufbaut. Während der höchsten Armhaltung wird der Atem angehalten; in diesem Verzicht auf das lebensnotwendige Weiteratmen kommt die vertrauensvolle Hingabe an die Schöpfungsmacht zum Ausdruck. Das symbolisieren auch die geöffnet ausgestreckten Hände, weil diese Gestik seit Urzeiten Friedfertigkeit und Freundschaft bedeutet. Damit kann man wohl mit Fug und Recht behaupten, daß im mittleren Teil der dem śānti gewidmeten mudrā alles das enthalten ist, was Yoga ausmacht: Vollkommene Harmonie durch beherrschte Haltung und inneren Frieden.

Zwischenergebnis. Die Meditation von Gefühlen führt über die körperlichen Empfindungen zu geistigen Inhalten und damit in höhere Meditationsstufen. Sie setzt Meditationstechnik und eine von ethischen Werten erfüllte Grundeinstellung voraus. In ihren Endstufen nähert sie sich bereits dem großen Yoga-Ziel.

Abstrakte Meditation

Das menschliche Leben wird in erster Linie durch Gegenstände und Gefühle bestimmt, also Bezugsgrößen, die von der Vorstellungskraft her mit einiger Übung ohne weiteres meditierbar sind. Weitaus wichtiger sind jedoch die Dinge, die hinter den vordergründigen Verhaltensweisen stehen. Nur diese abstrakten Lebensregeln bestimmen in Wirklichkeit den Sinn unseres Lebens.

Im Westen pflegt man diese Regeln nach Intellekt und Emotion zu normieren – und läuft dabei Gefahr, die Regeln zum Schaden einer kontinuierlichen Entwicklung immer wieder den jeweiligen Wertvorstellungen anzupassen. Die fernöstlichen Denker sind dagegen seit jeher den umgekehrten Weg gegangen: Den meditativ als zeitlos gültig erkannten Lebensregeln wurden die jeweiligen Bedürfnisse untergeordnet. Wenden wir uns deshalb im Rahmen der abstrakten Meditationsaufgaben zum tieferen Verständnis dieser Weltanschauung den drei Grundbegriffen zu, die nach altindischer Auffassung den Sinn des menschlichen Lebens bestimmen: Dem pflichtmäßigen Handeln (dharma), dem durch die eigenen Werke gestalteten Schicksal (karma) und der Unvergänglichkeit des Geistes im ewigen Kreislauf der Zeit (Reinkarnation).

Dharma (Pflicht). Dharma ist ein sehr vielschichtiger Begriff. Man kann ihn mit Pflicht, Gesetz, Eigenschaft oder Zustand übersetzen. Wir wollen ihn unter dem Aspekt der Harmonie erörtern, weil diese dem Yoga als Grundprinzip innewohnt. Damit können wir dharma im Sinne von Pflicht auffassen, weil Harmonie nur dann gegeben ist, wenn jedermann die ihm übertragenen Aufgaben vollständig erfüllt – andernfalls entsteht Unordnung oder Disharmonie. Vor diesem Hintergrund ergeben sich damit zwangsläufig zwei Fragen: Wie erkenne ich, was meine Pflicht ist und wie erfülle ich sie?

Für die Erkenntnis der Pflicht ist in erster Linie die Stellung maßgebend, die man im alltäglichen Leben hat. In diese Stellung wird man entweder hineingeboren oder man schafft sie sich selbst. Handelt es sich um natürliche Pflichten wie zum Beispiel die Elternpflicht, so ist deren Erkenntnis nicht schwer; dreht es sich dagegen um berufliche Pflichten, so liegt die Sache schon anders: Wer will mit Gewißheit sagen, daß er den Beruf ausübt, der seinen Neigungen und Fähigkeiten hundertprozentig angemessen ist? Demnach müßte also vor der Berufswahl die Selbsterkenntnis stehen, was man leisten kann und was man leisten will. Diese Erkenntnis würde sicherstellen, daß jeder nur die Pflichten übernimmt, für die ihn die Natur bestimmt und mit entsprechenden Fähigkeiten ausgestattet hat. Sieht man aber in die Praxis des Berufslebens, so muß man feststellen, daß nur sehr wenige Menschen diesen Idealzustand verwirklicht haben: Entweder hat man sich übernommen oder man ist unter seinen Möglichkeiten geblieben. Beides ist jedoch gleich schlecht, denn es schafft Unzufriedenheit, das heißt Disharmonie. Unter diesem Blickwinkel betrachtet, hat die Meditation des dharma also mit der eigenen Person zu beginnen, denn es ist, wie es in der Bhagavadgītā heißt, besser, seine eigene Pflicht schlecht als die einer anderen Person gut zu erfüllen.

Nach den Vorbereitungsübungen regungslos sitzen; auf die gerade Haltung von Rumpf und Kopf achten.
Den Körper auf meditativem Wege durchlässig machen; die Körperräume erfühlen.
Vor dem geistigen Auge (cit-ākāśa) in zwangloser Folge Berufsbilder oder Tätigkeiten entstehen lassen, in denen man selbst der Ausübende ist.
Mit klarem unbestechlichem Blick kontrollieren, ob die Tätigkeit zum eigenen Wohl und zur Zufriedenheit der von ihr Betroffenen harmonisch ausgeführt wird. Falls nein: Das Bild zurücktreten lassen; falls ja: Das Bild bewahren.
Unter den positiven Bildern eine Auswahl treffen, indem man wartet – dies kann Tage, Wochen oder Monate dauern –, bis sich die Lösung während der Meditation von selbst darbietet.

Hat man sein dharma erkannt, so stellt sich die Frage, wie es zu erfüllen ist. Dazu muß man sich zunächst einmal bewußt sein, daß das – richtige – dharma unlöslich mit der eigenen Person verbunden ist; die Bhagavadgītā spricht insoweit von einem sanātana-dharma, der ewigen Aktivität des Lebewesens. Demzufolge hat es keinen Sinn, vor den auferlegten Pflichten zu fliehen. Hat man dies akzeptiert, so beantwortet sich die eingangs gestellte Frage fast von selbst: Wenn man sich von seinen Pflichten ohnehin nicht befreien kann, so sollte man sie eben unter vollem Einsatz der Person und aller Fähigkeiten erfüllen, und zwar so gut und so schnell als irgend möglich: Dies dient einerseits der Ordnung des Gesamten, andererseits verschafft es ein Gefühl der Befriedigung. Fürchtet jemand, nicht die zur Erfüllung seines dharma erforderliche Kraft und Sicherheit zu besitzen, so kann folgende Meditationsübung helfen:

> Nach der Vorbereitung die Konzentration auf die Atmung richten; die Lebenskraft (prāṇa) in maṇipūraka cakra konzentrieren.
> Vor dem geistigen Auge (cit-ākāśa) die zu erfüllende Tätigkeit ablaufen lassen; dabei alle Einzelheiten sorgfältig registrieren.
> Die gesamte Tätigkeit in einzelne Abschnitte zerlegen; jeden Abschnitt ausatmend mit der aus maṇipūraka cakra aufsteigenden Kraft füllen.
> Die kraftvolle Gewißheit feststellen, daß alle zur Erfüllung der Pflicht erforderlichen Voraussetzungen gegeben sind.
> Zum Ausklang der Meditation die Freuden der Pflicht empfinden.

Karma (gestaltetes Schicksal). Unter karma versteht man die Folgen der menschlichen Werke, im übertragenen Sinne also das Gesetz von Ursache und Wirkung. Die entscheidende Frage ist nun, ob der Mensch auf diese Gesetzmäßigkeit Einfluß nehmen kann. Dazu meinen die Deterministen des Abendlandes und die Fatalisten des vorderen Orients, daß alles Geschehen vorausbestimmt sei; für ein Entrinnen durch freie Willensentscheidung sei wegen der schicksalhaften Verknüpfung praktisch kein Raum. Demgegenüber sagt die Yoga-Lehre, daß der Mensch durch die Art seiner Werke sehr wohl Einfluß auf sein Leben nehmen kann: Gute Taten bewirken Gutes, böse Taten ziehen Böses nach sich. Dies ist auch für westliche Menschen an sich nichts Neues. Interessant ist allerdings die Begründung, die von den indischen Denkern für diesen Grundsatz gegeben wird. So geht man zum Beispiel in dem schon an anderer Stelle erwähnten Vaiśeṣika-System davon aus, daß die Werke des Menschen an seiner Seele haften, und zwar untrennbar; sie hinterlassen gewissermaßen bleibende Eindrücke, und zwar bei schlechten Taten negative, bei guten Werken positive. Diese Eindrücke programmieren nunmehr das weitere Handeln: Böse Taten ziehen schlechte Taten nach sich; gute Werke führen zu immer besserem Tun. Auf diese Weise liegt es bei jedem Menschen selbst, welches karma er durch seine Taten bewirkt; ein Ausbrechen aus dieser Gesetzmäßigkeit ist nur denkbar, wenn die durch schlechtes Tun entstandenen Eindrücke durch konsequent redliches Handeln wieder eingeebnet werden.

Dieser Gedankengang ist von bestechender Klarheit. Während er in seinem Ausgangspunkt noch mit den westlichen Theorien über die vom Unterbewußtsein gesteuerten Verhaltensweisen übereinstimmt, geht der Karma-Yoga dann aber einen anderen Weg. Zwar verlangt auch er zunächst, daß sich der Mensch innerlich von den negativen Grundmustern trennt, daß er, wie es Patañjali bildhaft ausdrückt, »die Dränger als Bewegungen der seelischen Welt durch Meditation beseitigt«; darüber hinaus aber wird dem Yogi auferlegt, auch die schon eingetretenen äußeren Folgen seines schlechten Handelns wieder auszugleichen. Dieser zweite Schritt ist im Westen leider immer mehr in Vergessenheit geraten. Man läßt sich zwar durch den Psychiater von seinen inneren Konflikten befreien – wer aber gleicht das Unrecht aus, das anderen Ortes durch das frühere Verhalten entstanden ist? So führt die Absicht, das Leben auf eine neue Grundlage zu stellen, oftmals nur zum Selbstmitleid, nicht aber zur Selbstverwirklichung.

Über die Folgen guter und schlechter Werke zu meditieren, ist ein weites Feld. Man kann sich selbst prüfen, man kann auch die eben dargelegten Gedanken abstrakt nachvollziehen. Vielleicht wäre hier der Ort, einmal die Worte eines Weisen direkt zum Gegenstand der Meditation zu machen. Dabei könnte man an die Bṛhadāranyaka-Upaniṣad denken. Dort ist gleich an drei Stellen vom karma die Rede: Im großen Weisheitswettstreit der Brahmanen vor dem König Janaka von Videha, in der berühmten Unterredung zwischen dem weisen Yājnavalkya und dem König sowie beim Abschied des sich in die Waldeinsamkeit zurückziehenden Yājñavalkya von seiner Frau Maitreyi. Zum König Janaka sagt Yājñavalkya folgendes:

> Wie der Mensch handelt, so wird er.
> Wer Gutes tut, wird gut, wer Böses tut, wird böse.
> Rein wird er durch reine Taten, sündig durch sündige.
>
> Wie des Menschen Wünsche sind, so gestaltet sich sein Schicksal.
> Denn was er wünscht, das will er, und was er will, das tut er; und wie sein Tun beschaffen ist, gut oder schlecht, so auch sein Lohn.

Reinkarnation (Seelenwanderung). Während dharma und karma Begriffe sind, die im Sinne von Pflicht und redlichem Verhalten ohne weiteres auch von westlichen Menschen akzeptiert werden können, liegt es bei der Reinkarnation, der Seelenwanderung, schwieriger. Hier stoßen die weltanschaulichen und religiösen Gegensätze zwischen Ost und West hart aufeinander. Dabei kann es selbst auf diesem Gebiet Gemeinsamkeiten und befruchtende Verständigungsmöglichkeiten geben. Nur muß man sich dazu mit Toleranz in das Fremde hineindenken. Wir wollen dies anhand der wohl ältesten in sich geschlossenen Philosophie Indiens tun, der Feuerlehre.

Ausgangspunkt der Feuerlehre ist die Grunderkennntnis, daß Feuer Leben bedeutet: Nur der lebende Körper ist warm. Dieses Lebensfeuer gelangt aus dem ewigen Sonnenfeuer durch die Sonnenstrahlen in das Herz der Menschen. Von dort strahlt es durch die Blutgefäße in den gesamten Körper. Nach dem Tode des Menschen kehrt es bei der Verbrennung der leiblichen Hülle in die Lichtwelt der Sonne zurück.

Die Parallelen zwischen dieser Lehre und dem ägyptischen oder auch dem germanischen Sonnenkult sind unverkennbar. Die Besonderheit der Feuerlehre liegt nun darin, daß sie durch die Verwendung des Begriffs der Lichtseele als Träger des Lebensfeuers die Dimension einer echten Philosophie gewinnt. Diese Lichtseele (ātman) ist ein feinstofflicher, also unsichtbarer Körper, dessen Gestalt durch die Werke des Menschen (karma) geprägt wird: Sind seine Werke gut, so bleibt die Lichtseele rein und kann im Rauchfeuer zur ewigen Lichtwelt aufsteigen; ist sie dagegen durch die irdischen Werke befleckt worden, so bedarf sie zur läuternden Reinigung nach der durch den Tod bedingten Trennung von ihrer leiblichen Hülle einer oder mehrerer weiterer Erdenzeiten in einer neuen äußeren Hülle.

Die Stärke der Feuerlehre ist ihre Einfachheit. So nimmt es denn nicht wunder, daß sie auch mühelos die schwierige Ātman-Brahman-Frage löst: Entspricht die Lichtseele des Menschen der Lichtwelt des Jenseits, so muß auch das in jedem Menschen vorhandene Selbst ein unvergänglicher Teil der ewigen Schöpfungsmacht sein. Welche Philosophie, welche Religion kann für sich in Anspruch nehmen, die Urfragen nach dem Träger des Lebens, nach der Aufgabe des Menschen und schließlich nach dem Sinn des Todes eindrucksvoller zu beantworten?

Folgt man den Grundgedanken der Feuerlehre, so kann man ohne Furcht ein Thema meditieren, das gemeinhin in der westlichen Welt mit einem Tabu versehen ist: den Tod. Dazu kehren wir zu unserem allerersten Meditationsobjekt, nämlich zur Kerze, zurück. Sie hat uns geholfen, die Bedeutung des Lebens zu verstehen; durch sie werden wir jetzt auch den Sinn des Todes erfassen:

Nach den Vorbereitungsübungen vor dem geistigen Auge eine brennende Kerze sehen.
Die Konzentration so lange auf die Flamme richten, bis Objekt und Subjekt, also Gegenstand und Betrachter, eins sind.
Empfinden, wie der Geist in der reinigenden Kraft des Feuers gleichsam als feiner Rauch aufsteigt.
Fühlen, wie sich dieser feine Rauch mit der Unendlichkeit des Äthers zum ewigen Leben verbindet.

Zusammenfassung. Die Inhalte der Yoga-Meditation sind vielfältig; praktisch gibt es nichts, was nicht meditierbar wäre. Voraussetzung ist eine solide Meditationstechnik. Diese erwirbt man durch allmähliche Steigerung des Schwierigkeitsgrades der Meditationsinhalte. Beherrscht man das Handwerkliche, so gewinnt man Freiheit in der Form. Die Kombination der verschiedenen Meditationsformen führt dann durch die Selbsterkenntnis über die Selbstbefreiung zur Selbstentfaltung.

5. Teil: Ziel

Bei aller Freude über das auf meditativem Wege Erreichbare darf nicht vergessen werden, daß Yoga-Meditation mehr ist als konzentriertes Denken und bewußtes Erzeugen bestimmter Vorstellungen. Das große Yoga-Prinzip heißt sat-cit-ānanda: Vom Sein über das bewußte Sein zum Glücklichsein.

Sat: Sein

Sat bedeutet Sein. Sein ist die allgemeinste Eigenschaft des Wirklichen, also der kleinste Nenner, auf den sich alles zurückführen läßt. Es hat zwei Bedeutungen: Dasein und Wesen, also die Tatsache, daß etwas ist und die Tatsache, wie etwas ist. Gewöhnlich steht das Dasein, also die Existenz, im Vordergrund; dem Wesen, der Essenz, wird weniger Bedeutung beigemessen. Dies führt zum vordergründigen Existenzkampf und damit zur Verstrickung im Irrtum (avidyā) über das wahre Wesen der Welt (māyā), letztlich zum Dualismus, nämlich zur Trennung des Ich-Menschen (ahāmkara) von der Schöpfungsmacht (brahman). Am Anfang des großen Yoga-Weges muß deshalb die Rückbesinnung auf den Urgrund des Seins stehen.

Nach der Yoga-Lehre besteht die Natur in ihrem Urzustand (prakṛti) aus drei Schwingungen (guṇa): Dem Zustand der Ruhe (tamas), dem Zustand der Bewegung (rāja) und dem Zustand des reinen Friedens (sattva). Diesem Gesetz unterliegt auch das menschliche Sein. Demgemäß gilt es, tamas und rāja in sattva zu vereinigen, das heißt, auf meditativem Wege alle Schwingungen auszugleichen, bis das reine Selbst wie ein strahlendes Licht im Cit-Ākāśa-Raum aufleuchtet.

Cit: bewußtes Sein

Citta bedeutet Gedanke, Sinn oder Geist; cit umfaßt mithin alle Vorgänge der inneren Welt. Will man den Zustand des reinen Seins (sattva) bewußt empfinden, so gilt es demnach, den Geist zu beherrschen, indem alle ihn störend bewegenden Kräfte zur Ruhe gebracht werden (citta vṛtti nirodha). Ist dies mit den Mitteln des Yoga geschehen, so strahlt das reine Bewußtsein auf und vermittelt die Erkenntnis (buddhi) vom wahren Wesen aller Dinge. Diese Erkenntnis ist zeitlos gültig, denn auch die Zeit (kāla) ist keine Realität an sich, sondern nur eine Anschauungsform des Bewußtseins. So haftet an jeder Sache nach unwandelbarem Gesetz (dharma) stets dasselbe Sein (sat). Diese Erkenntnis befreit von allen Ängsten und Sorgen über Vergangenes und Zukünftiges: In dem ewig abrollenden Zyklus (cakra) der Zeit geschieht nichts, was nicht in seinem Keim (karma) schon vorhanden ist. So erreicht der Geist durch dieses Wissen den Zustand immerwährenden Friedens.

Ānanda: Glücklich sein

Ānanda bedeutet Freude (nand = sich freuen). Dabei ist aber nicht das vordergründige Lustigsein gemeint, sondern der Zustand reiner Heiterkeit (kaivalya), den jemand unaufhörlich (ānanta = endlos) empfindet, der sich mit allen Fasern seines Selbst (ātman) über etwas freut, nämlich über die irrtumsfreie Erkenntnis des Wesens aller Dinge (brahman). So läßt sich das große Prinzip des sat-cit-ānanda und damit die gesamte Yoga-Meditation letztlich auf eine kurze Formel bringen: *Harmonie* durch stille, auf *Erkenntnis* beruhende *Freude*.

Anhang

Sanskrit

Wer sich mit dem Yoga intensiver beschäftigt, kommt nicht umhin, Sanskrit-Fachwörter zu benutzen. Oft geschieht dies mit einer gewissen Scheu, weil man sich nicht sicher ist, die Worte richtig auszusprechen. Diese Scheu ist unnötig, wenn man sich die folgenden Grundregeln einprägt.

Die Vokale e und o sowie deren Ableitungen ai und au werden immer lang gesprochen; die restlichen Vokale a, i und u nur, wenn sie einen Dehnungsstrich tragen: ā, ī und ū oder in älterer Schreibweise â, î und û. Zu beachten ist, daß auch ṛ und ḷ Vokale sind; sie werden wie ri und li bzw. mit Dehnungsstrich wie rī und lī ausgesprochen.

Bei den Konsonanten gelten folgende Besonderheiten: c = tsch wie Tschechoslowakei; j = dsch wie Dschungel; ñ = nj wie das spanische Señor; s = ss wie essen; ś und ṣ = sch; v = w wie Wind; y = j wie Yoga. Stehen unter den Konsonanten Punkte, zum Beispiel ḍ, ṇ oder ṭ, muß die Zunge bei der Aussprache möglichst weit zurückgebogen werden; dabei ist sie an das Gaumendach zu bringen. Folgt einem Konsonanten ein h, so ist es mitzusprechen, dh also wie Sandhaufen, kh wie Eckhaus.

Die Betonung richtet sich nach den Silben. Für sie ist nicht, wie man meinen sollte, der Dehnungsstrich über den Vokalen maßgebend, sondern das Gewicht der Silben. Grundsätzlich wird die letzte schwere Silbe betont; sind alle Silben kurz, wird je nach Länge des Wortes die vorletzte, drittvorletzte oder viertvorletzte Silbe betont; noch weiter zurück geht die Betonung nie. Beispiele: *de*va, *pra*ṇa, *ka*raṇam, *du*hitāram; aber Pa*tañ*jali, duhi*trī*ṇām. Werden längere Texte gesprochen, so tritt die Betonung oftmals zugunsten eines Fließens von kurzen und langen Silben zurück.

Die Beschäftigung mit dem Sanskrit ist sehr lohnend, einmal

wegen der geschliffenen Eleganz der Sprache, zum anderen zwecks tieferen Verständnisses der Ausdrücke. Ein gutes Lehrbuch in deutscher Sprache stammt von Georg Bühler. Sein »Leitfaden für den Elementarkurs des Sanskrit« aus dem Jahre 1882 ist in einem reprographischen Nachdruck der 2. Auflage bei der Wissenschaftlichen Buchgesellschaft Darmstadt erhältlich. Als Lexikon für den täglichen Gebrauch ist das »Yoga-Lexikon« aus dem Econ Verlag zu empfehlen. Wer sich intensiv mit Sanskrit-Texten beschäftigt, sollte zum »Sanskrit-Wörterbuch nach dem Petersburger Wörterbuch« von Capeller aus dem Jahre 1887 greifen. Es ist im 2. Nachdruck im Verlag Walter de Gruyter in Berlin erschienen.

Noch etwas zur Schreibweise der im Textteil dieses Buches verwandten Sanskrit-Fachwörter: Die Sanskrit-Schriftzeichen des indischen Devanāgari-Alphabets wurden in die uns vertrauten lateinischen Buchstaben umgesetzt. Dabei ist aus Gründen der Übersichtlichkeit aber nicht der grammatikalisch richtige Kasus benutzt worden. So wurde zum Beispiel immer nur von prāṇa (Vokativ) gesprochen, obwohl es im Nominativ richtig praṇaḥ heißen müßte. Ebenso wurde auf die Pluralendungen verzichtet, insbesondere auf die Vermischung von indischen und deutschen Formen, also zum Beispiel auf die Mehrzahl āsana-s. Der Plural ergibt sich deshalb nur aus dem Satzzusammenhang.

Register